Abba, Vater

Jutta Burggraf
Fernando Ocáriz

Abba, Vater

Als Kinder Gottes leben nach der Lehre des seligen Josemaría Escrivá

Adamas Verlag

Die Originalausgabe des Beitrags von Fernando Ocáriz erschien unter dem Titel *La filiación divina, realidad central en la vida y en la enseñanza de Mons. Escrivá de Balaguer* bei Ediciones Universidad de Navarra, Pamplona.

Aus dem Spanischen von Thomas Mertz.

Paulistraße 22, D-50933 Köln

Umschlaggestaltung: Graphicteam, Köln
Gesamtherstellung: Clausen & Bosse GmbH, Leck
Printed in Germany 1999

ISBN 3 925746 76 5

Inhalt

Jutta Burggraf
Ein Gespür für die Gotteskindschaft

Fernando Ocáriz
Die Gotteskindschaft in Leben und Lehre des seligen Josemaría Escrivá

Jutta Burggraf

Ein Gespür für die Gotteskindschaft

»Am fernen Horizont scheinen Himmel und Erde sich zu vereinigen«, pflegte der selige Josemaría zu sagen. »Vergiß aber nicht, daß der wahre Ort, an dem sie miteinander verschmelzen, dein Herz ist, das Herz eines Kindes Gottes.«[1] Escrivá sprach zeit seines Lebens mit bewegender Innigkeit vom Geheimnis der Gotteskindschaft. Seine Worte trafen die Menschen, man spürte ihre Echtheit. Und man spürte, daß sie von jemandem kamen, der selbst getroffen und bewegt war von der Erfahrung, Kind Gottes zu sein.

I. Die Erfahrung der göttlichen Liebe

Escrivás Lehre von der Gotteskindschaft wurzelt in einem Schlüsselerlebnis aus dem Jahr 1931. Damals fühlte sich der junge Priester schwach und elend angesichts der Größe des göttlichen Auftrags, die

1 Josemaría Escrivá, *Die Spur des Sämanns*, spanische Originalausgabe 1986, 2. deutsche Aufl. Köln 1989, Nr. 309.

Menschen – mitten in ihren Alltagspflichten und beruflichen Sorgen – den Weg der Heiligkeit neu entdecken zu lassen. Er spürte, daß er dieses Unternehmen aus eigener Kraft nicht würde realisieren können, das zwar notwendig war, zweifellos aber auch Gegenkräfte herausfordern würde. In dieser schwierigen Situation empfing er – nach seinen eigenen Worten – die »größte Gnade« seines Lebens.[2] Mitten im Trubel der Stadt, während eines Gebetes in der Straßenbahn, wurde er plötzlich von dem Geheimnis der Gotteskindschaft tief erschüttert. Was er schon immer lebendig glaubte, erfaßte ihn nun radikal, in seiner innersten Wesensmitte: Gott ist kein kühler Weltenherrscher, er ist nicht »dort, wo die Sterne leuchten«, sondern er ist unser Vater, »Vater ganz und gar«. Er sorgt für uns in allen Lebenslagen, und er liebt jeden einzelnen von uns »mehr, als alle Mütter der Welt ihre Kinder lieben können.«[3] – »Ich fühlte das Handeln des Herrn an mir«, so schildert der selige Josemaría jenes Geschehen in der Straßenbahn. »Gott selbst formte in meinem Herzen und auf meinen Lippen mit einer unwiderstehlichen Macht den zärtlichen Anruf ›Abba! Vater!‹«[4]

Durch das gnadenhafte Ereignis von 1931 drang

2 Vgl. Antonio Aranda, in: *Santos en el mundo. Estudio sobre los escritos del beato Josemaría Escrivá*, hrsg. von Pilar Vega, Madrid 1993, Einf. S. 17.

3 Josemaría Escrivá, *Der Weg*, spanische Originalausgabe 1934, 11. deutsche Aufl. Köln 1983, Nr. 267. – Dieser vom Gründer des Opus Dei gern benutzte Ausdruck findet sich auch an anderen Stellen seiner Werke. Vgl. *Im Feuer der Schmiede*, spanische Originalausgabe 1987, 2. deutsche Aufl. Köln 1989, Nr. 309.

4 *Josemaría Escrivá de Balaguer: Artículos del Postulador*, hrsg. Romana, Rom 1979, Nr. 70.

Escrivá schon in jungen Jahren bis zu einer unergründlichen Tiefe in das Geheimnis der Gotteskindschaft ein. Was er erfahren hatte, prägte ihn für immer. Und es beeinflußte auch seine Lehre in entscheidendem Maße. So kann man wohl ohne Übertreibung sagen, daß *alle* seine Ratschläge für das geistliche Leben letztlich nur auf dem Hintergrund der Gotteskindschaft zu verstehen sind.[5] Und so ist es wohl auch zu erklären, daß man in seinem reichen Schrifttum über diese Glaubenswahrheit nur schwer eine fortschreitende Entwicklung feststellen kann. Zwar mögen die Akzente anders sein, zwar mögen je nach Umständen unterschiedliche Aspekte im Vordergrund stehen – doch alles, was Escrivá hier zu sagen hat, ist im Grunde immer ein Ausfluß dessen, was er 1931 erlebte. An zahlreichen Stellen seiner Werke weist er (mehr oder weniger deutlich) auf seine zentrale Erfahrung hin, nämlich auf das unbeschreibliche Glück, sich in der väterlichen Liebe Gottes geborgen zu wissen: »Ich bin in meinem Leben zu einem besonders tiefen Bewußtsein der Gotteskindschaft geführt worden«, sagt er selbst. »Ich habe das Glück erfahren, mich im Herzen meines Vaters bergen zu dürfen.«[6] – »Bis jetzt sind die Worte noch nicht gefunden, die wirklich wiedergeben könnten, was Herz und Willen dessen erfüllt

5 Vgl. ders. *Die Bekehrung der Kinder Gottes*, in: *Christus begegnen*, spanische Originalausgabe 1973, 5. deutsche Aufl. Köln 1978, Nr. 64: »Der Geist des Opus Dei gründet auf der Gotteskindschaft.«
6 Ders. *Umgang mit Gott*, in: *Freunde Gottes*, spanische Originalausgabe 1977, 2. deutsche Aufl. Köln 1980, Nr. 143.

und bewegt, der sich als Kind Gottes erfahren hat.«[7]

Einerseits also finden sich in den Schriften des seligen Josemaría, was die Lehre von der Gotteskindschaft betrifft, keine neu hinzugewonnenen substantiellen Erkenntnisse. Gerade die Frühwerke aus den dreißiger Jahren (*Der Weg*, *Der Rosenkranz*[8]) sprechen mit einer kaum zu überbietenden Vertrautheit von der göttlichen Vaterschaft. Ihre grundsätzlichen Aussagen werden in den Werken des mittleren Lebensabschnitts[9] neu aufgegriffen und sind auch in den Spätwerken ohne weiteres nachweisbar, so etwa in den Homilien *Der große Unbekannte*[10] und *Christkönig*[11] oder in dem posthum erschienenen *Kreuzweg*[12].

Andererseits aber kann man beobachten, daß die *Art der Darstellung* erheblich variiert. Gehen die frühen Schriften spontan von einer subjektiven Erfahrung aus, so sind die späteren mehr »reflektiert« und an objektiven Daten orientiert.[13] Hier drückt sich wohl das Bestreben des Autors aus, seine per-

7 Ders. *Die Spur des Sämanns*, Nr. 61.

8 Ders. *Der Rosenkranz*, spanische Originalausgabe 1934, 4. deutsche Auflage Köln 1992.

9 Ders. etwa *Die Spur des Sämanns* und *Im Feuer der Schmiede* (in den wesentlichsten Teilen aus den 40ger und 50ger Jahren, beide posthum erschienen); oder auch die Homilien *Christliche Berufung* (1951), in: *Christus begegnen*; *Leben aus dem Gebet* (1954), in: *Freunde Gottes* u.a.

10 Ders. *Der große Unbekannte* (1969), in: *Christus begegnen*.

11 Ders. *Christkönig* (1970), in: *Christus begegnen*.

12 Ders. *Der Kreuzweg*, spanische Originalausgabe 1981, 3. deutsche Aufl. Köln 1990.

13 Dies mag im wesentlichen daran liegen, daß die früheren Werke überwiegend als Aphorismensammlungen, die späteren zum größten Teil als Homilien konzipiert sind; doch bleibt zu fragen, warum der Autor früher das eine, später das andere literarische Genus bevorzugte.

sönlichen Erlebnisse in die Tradition kirchlicher Spiritualität einzureihen, so daß sich auch *andere* mit ihnen identifizieren können.

Für Escrivá bedeutet die theoretische Durchdringung einer Glaubenswahrheit nicht, die kindliche Frömmigkeit beiseite zu lassen, sondern im Gegenteil, diese immer neu zu motivieren. Auch wenn er seine ureigenste Erfahrung der göttlichen Liebe mit zunehmendem Alter mehr in allgemeinen Zusammenhängen betrachtet, spricht er vom Geheimnis der Gotteskindschaft niemals theoretisch distanziert, sondern immer mit der Vibration eines Menschen, der sich auch nach Jahrzehnten daran erinnert, wie ihn die Liebe seines Lebens mit unwiderstehlicher Gewalt ergriffen und nie wieder losgelassen hat. Seine Betrachtungsweise im Alter ist (so könnte man es vielleicht formulieren) von *bewußter* Innigkeit, von *begründeter* Vertrautheit – und damit noch »menschlicher« als in jungen Jahren, da sie alle spezifisch *menschlichen* Vermögen (Herz, Wille und Verstand) integriert und zum Ausdruck bringt.

Doch die Spätschriften Escrivás unterscheiden sich nicht nur im Stil, sondern auch in ihren thematischen Schwerpunkten von den früheren Werken. So finden sich die Aussagen des kirchlichen Lehramtes und die Ergebnisse der systematischen Theologie immer deutlicher in die Texte eingearbeitet.[14]

14 Vgl. etwa die Kommentare zu *Gal* 4,5 in den Homilien *Bekehrung der Kinder Gottes* (von 1952) und *Christkönig* (von 1970), in: *Christus begegnen*, Nr. 65 und 183. In der zweiten Homilie ist (in dem sonst fast identischen Abschnitt) ein Hinweis auf das Wirken des Heiligen Geistes in der Jungfrau Maria hinzugefügt.

Was früher vorausgesetzt wurde, ist jetzt explizit. Der Grund kann in der weithin bekannten und im einzelnen auch nachgewiesenen geringeren religiösen Vorbildung der Adressaten liegen. Vor allem aber wird hier wohl die Sorge des seligen Josemaría um Theologie und Kirche eine Rolle spielen: in einer Zeit der Auflösungsprozesse, in der das subjektive Empfinden nicht selten zum Maß aller Dinge erhoben wird, möchte er seine eigene Erfahrung der göttlichen Liebe in den Dienst der Kirche stellen. Das persönliche Ergriffen-Sein von Gottes Vaterschaft soll zur Vertiefung des Glaubensverständnisses beitragen; es wird andererseits durch eine Rückbindung an das authentische Lehramt auch objektiv abgesichert.

II. Der theologische Hintergrund

Wenn Christen Gott als Vater bezeichnen, so lenken sie ihren Blick auf das erhabenste aller Geheimnisse, auf die Heilige Dreifaltigkeit. Gott selbst hat ihnen sein »Herz«, sein »Inneres« geöffnet; er hat ihnen geoffenbart, daß er von Ewigkeit her Vater, Sohn und Geist ist, ein einziger Gott in drei Personen, die ein Leben innigster Gemeinschaft, gegenseitiger Liebe und vollkommener Hingabe führen. Gott Vater ist der, der von Ewigkeit her den Sohn zeugt. Er, der ohne Ursprung ist, geht ganz aus sich heraus, lebt in einem anderen, im Sohn, und ist der, der er ist, durch den anderen, durch den Sohn. (Ohne Sohn gibt es keinen »Vater«.) Sein Personsein erfüllt sich darin, Vater des Sohnes zu sein. Er ist vollkommen auf den Sohn bezogen, mit dem, für den und in dem er ist. Zugleich ist der Sohn der, der er ist, durch den Vater. Er lebt aus dem Vater, von dem er sein ganzes Sein empfängt. Er ist von Ewigkeit her vollkommen auf den Vater bezogen, zum Vater hingewandt. (Ohne Vater gibt es keinen »Sohn«.) Seinem Personsein ist es eigen, Sohn des Vaters zu sein und ihm all die Liebe zurückzugeben, die er von diesem erhält. Er ist mit dem Vater, für ihn und in ihm. Der Heilige Geist schließlich ist die gegenseitige Liebe des Vaters und des Sohnes, die in Gott nur personal sein kann; er wird auch »Gabe« oder »Geschenk«[15] und »persönlicher Aus-

15 *Apg* 2,38 f.; 11,17. – Josemaría Escrivá, *Der große Unbekannte*, a.a.O., Nr. 127.

druck« dieser Liebe genannt.[16] Er geht als Frucht aus der Vater-Sohn-Beziehung hervor und ermöglicht zugleich erst diese Beziehung. Durch ihn, mit ihm und in ihm liebt der Vater den Sohn und der Sohn den Vater. In der Liebe des Geistes lieben sich beide selbstvergessen. So vollendet die dritte Person die Einheit und Verschiedenheit der Dreifaltigkeit, denn sie ist der Geist des Vaters und des Sohnes zugleich.[17]

1. Die Vaterschaft Gottes

Die Aussage »Gott ist Liebe« läßt uns etwas vom Geheimnis des trinitarischen Lebens erahnen.[18] Alle drei göttlichen Personen sind Gott als Liebe, die Liebe mitteilt: Sie sind »füreinander da«, »aufeinander bezogen«. Sie leben in tiefem Einklang, in wahrer »Freundschaft« miteinander. Der Urquell dieser ewig überströmenden, Leben mitteilenden Liebe ist der Vater. Er ist das göttliche Mysterium in seiner ganzen Tiefe. Er, der Ursprunglose, geht aus sich heraus und konstituiert sich in der Zeugung des Sohnes. Er lebt im Sohn. Der Name Vater bezeich-

16 Vgl. Johannes Paul II., Enz. *Dominum et vivificantem*, 18. Mai 1986, Nr. 10.

17 Besonders klar und eindrucksvoll findet sich diese Lehre dargestellt bei Thomas von Aquin, *Summa theologiae*, I, qq. 28-38. – Albertus Magnus, *Summa theologiae*, I, tr. 9, q. 37 ff.

18 *1 Joh* 4,16. – Josemaría Escrivá nimmt Bezug auf diese Stelle in der Homilie *Vor Gott und den Menschen*, in: *Freunde Gottes*, Nr. 172. Er kommentiert diese und die folgenden Stellen mit Blick auf das christliche Leben.

net Gott in dem, was er zutiefst ist: Er ist der, der sich vollkommen hingibt, der sich schenkt »bis zum letzten«.[19] Jeder, der liebt, geht aus sich heraus auf den anderen zu, »lebt« gewissermaßen im anderen und läßt diesen durch die Liebe, die er ihm entgegenbringt, als Sohn oder Tochter, Braut oder Bräutigam, Freund oder Freundin anders und neu existieren.

Gott Vater »herrscht« in keiner Weise über den Sohn, denn er ist Vater in Liebe. »Du bist mein Sohn. Heute habe ich dich gezeugt«[20], so beginnt die liebevolle Zwiesprache zwischen den göttlichen Personen. Der Sohn antwortet voll Vertrauen »Abba, mein Vater!«[21] Das Ich und das Du des Zwiegesprächs zwischen Vater und Sohn wird durch den Heiligen Geist bewirkt, der eine einzige Person in beiden ist. In ihm sagen Vater und Sohn in alle Ewigkeit: »Wir sind eins.«[22]

19 Vgl. *Joh* 13,1. – Die Stelle wird kommentiert in den Homilien *Die Eucharistie. Geheimnis des Glaubens und der Liebe* und *Fronleichnam*, in: *Christus begegnen*, Nr. 83 und 151.

20 *Ps* 2,7; *Apg* 13,33. – Beide Stellen werden kommentiert in der Homilie *Christkönig*, a.a.O., Nr.185 f.

21 *Mk* 14,36; *Röm* 8,15; *Gal* 4,7. – »Abba« und »Imma« (Papa und Mama) sind die ersten Worte, die ein Kind stammeln kann; sie drücken etwas sehr Vertrautes, Familiäres aus. Im Grunde beinhalten sie eine »Reaktion«, eine Antwort, die das Kind denen gibt, die ihm Liebe entgegenbringen. – Josemaría Escrivá kommentiert diese Textstelle, stets bezogen auf das Leben des Christen, an zahlreichen Orten. Vgl. etwa die Homilien *Die Bekehrung der Kinder Gottes*, *Christi Himmelfahrt*, *Der große Unbekannte* und *Christkönig*, in: *Christus begegnen*, Nr. 65, 118, 135 f. und 183.

22 Vgl. *Joh* 10,30.

Jesus Christus ist der menschgewordene Sohn Gottes, die »Fülle der Offenbarung«. Er eröffnet uns das Geheimnis der Dreifaltigkeit; er sagt uns, wie Gott in seinem Innersten ist. Doch wir können ihn kaum verstehen. Oft verhalten wir uns wie der Apostel Philippus. Auf dessen bekannte und so verständliche Bitte »Herr, zeige uns den Vater« antwortete Jesus klar und deutlich: »So lange schon bin ich bei euch, und du kennst mich noch nicht, Philippus? Wer mich sieht, sieht den Vater.«[23]

Jesus ist »das Ebenbild des unsichtbaren Gottes«[24], das »menschliche Antlitz« des Vaters. Er ist gewissermaßen die Offenbarung des Vaters selbst.[25] Denn er geht ewig aus dem Vater hervor[26], ohne diesen je zu verlassen: »Ich bin in meinem Vater.«[27] Im Geheimnis des Sohnes tritt Gott aus seinem »unnahbaren Licht«[28] heraus und zeigt sich den Menschen.

23 *Joh* 14, 8 f. – Josemaría Escrivá kommentiert diese wichtige Textstelle in der Homilie *Christi Gegenwart in den Christen*, in: *Christus begegnen*, Nr. 115. Vgl. auch die Homilie *Der Wert der Zeit*, in: *Freunde Gottes*, Nr. 52.

24 *Kol* 1,15; vgl. *2 Kor* 3,18; *Hebr* 1,2 f. – Vgl. die Homilien *Christkönig*, a.a.O., Nr. 180 und *Leben aus dem Glauben*, in: *Freunde Gottes*, Nr. 191.

25 Vgl. *Joh* 1,18: »Niemand hat Gott je gesehen. Der eingeborene Sohn, der am Herzen des Vaters ruht, er hat Kunde gebracht.« – Vgl. die Homilie *Loslösung*, in: *Freunde Gottes*, Nr. 111.

26 Vgl. *Joh* 8,42: »Ich bin von Gott ausgegangen.« – Vgl. *Joh* 13,3; 17,18.27 f.

27 *Joh* 14,20. – Vgl. auch *Joh* 6,57; 15,10. Josemaría Escrivá kommentiert diese Stellen in der Homilie *Christi Himmelfahrt*, a.a.O., Nr. 118.

28 *1 Tim* 6,16.

Wie der Vater im innertrinitarischen Leben ganz »Hingabe« ist, so ist er es auch in seiner Liebe zur Welt. Er ist Vater für seinen eingeborenen Sohn und Vater für alle Menschen. Er schenkt sich in Ewigkeit ganz seinem Sohn, und in ihm, der für ihn »alles« ist, schenkt er sich ganz der Welt. Er gibt den hin, durch den er ist, was er ist; er gibt den hin, in dem er lebt. Er gibt sich selbst hin! Er schenkt sich der Welt, um sie zu heilen, zu reinigen, zu erlösen: »Gott hat die Welt so sehr geliebt, daß er seinen einzigen Sohn hingab.«[29] Ausdruck dieser restlosen Hingabe ist das Opfer Abrahams, bei dem ein menschlicher Vater »seinen eigenen Sohn (Isaak) nicht geschont hat.«[30]

Die Erlösung ist folglich keine düstere Rechtsaffäre, in deren Verlauf einer zürnenden Majestät ein Opfer dargebracht werden müßte. Man braucht Gott Vater nicht mit den Menschen zu versöhnen; dieser selbst versöhnt die Menschen mit sich um den Preis seines Sohnes[31], das heißt, er erweckt die Menschen zu neuem Leben und beschenkt sie mit seinen Gnaden.[32]

29 *Joh* 3,16. Vgl. auch *Röm* 8,32: Er hat »seinen eigenen Sohn nicht geschont, sondern ihn für uns alle hingegeben.« Vgl. Josemaría Escrivá, *Die Spur des Sämanns*, Nr. 290; auch die Homilien *Leben aus dem Gebet*, a.a.O., Nr. 251 und *Christi Herz, Frieden des Christen*, in: *Christus begegnen*, Nr. 162 und 176.
30 Vgl. *Gen* 22,16.
31 Vgl. *Röm* 5,10; *2 Kor* 5,18-22. *1 Joh* 4,14: »Wir haben gesehen und bezeugen, daß der Vater den Sohn gesandt hat als den Retter der Welt.«
32 Der Mensch beleidigt zwar Gott (von der Sicht des Menschen aus), doch Gott ist nicht »beleidigt«: Er ist die Liebe. Es ist gut *für den Men-*

Alle Initiative geht stets vom Vater aus.[33] Wenn dieser seinen Sohn in die Welt sendet, so schickt er ihn nicht »in die Ferne«, nicht »von sich weg«. Er kommt mit ihm, da er in Ewigkeit in ihm lebt. Und wenn er die Erlösung auf das Opfer des Sohnes gründet, so bedeutet dies in gewisser Weise das Opfer seiner selbst.[34] Die Erlösung ist die unfaßbare Geschichte der Liebe Gottes zu unserer Welt, der Liebe des im Heiligen Geist mit dem Sohn vereinten Vaters.

Auch in seiner schmerzvollen Passion ist Jesus das Antlitz des Vaters. Der Blick auf den Gekreuzigten und Durchbohrten läßt uns etwas ahnen von jener unendlichen Liebe, die in ihrer verschwenderischen Hingabe tatsächlich bis zum letzten geht.[35] »Der Erlöser des Universums siegt durch sein Opfer. Gott, der Herr alles Geschaffenen, versichert uns seiner Gegenwart nicht mit Waffengewalt (...), sondern mit der Größe seiner unendlichen Liebe.«[36] Der Schlüssel zum Verständnis des Geheimnisses liegt wohl hier, in dieser unendlichen göttlichen Liebe, die in Gott eine Person ist. Im Heiligen Geist ist Gott

schen, wenn er Gott Vater das Meßopfer darbringt, da er sich auf diese Weise seinem Heil zuwendet und »geheilt« wird. Vgl. Josemaría Escrivá, *Der Tod Christi, das Leben des Christen*, in: *Christus begegnen*, Nr. 95 f.

33 Vgl. *Joh* 5,19 f.; 5,30; 8,29.

34 Josemaría bezieht diese Gedanken auch auf die Heilige Messe: »Die ganze Dreifaltigkeit wirkt beim heiligen Meßopfer mit.« *Die Eucharistie*, a.a.O., Nr. 85; vgl. auch Nr. 86 und 87: »Die heilige Messe (...) ist das Geschenk der Dreifaltigkeit an die Kirche.«

35 Vgl. *Joh* 15,13. – Vgl. die Homilien *Die Eucharistie* und *Christi Gegenwart in den Christen*, a.a.O., Nr. 93 und 107, und *Mutter Gottes, unsere Mutter*, in: *Freunde Gottes*, Nr. 287.

36 Josemaría Escrivá, *Der Tod Christi, das Leben des Christen*, a.a.O., Nr. 100.

liebevoller Vater – Vater Jesu Christi und Vater für uns – und alle seine Werke sind väterlich. Geheimnisvoll ist der Tod Jesu in den ewigen göttlichen Plänen enthalten.[37] Doch der Vater verurteilt nicht *zum* Tode, sondern er rettet,[38] ja »verherrlicht«[39] *im* Tod. Mit dem Heiligen Geist ist er stets in seinem Sohn. Die *Gegner* haben Jesus getötet; Gott aber kehrt den Sinn des Todes um. Das, was Verurteilung und Schande war, macht er zum Eintritt in die Herrlichkeit.[40] Gottes Tat ist nicht der Tod, sondern die Auferstehung. Im Heiligen Geist erweckt der Vater seinen Sohn von den Toten, um ihn uns neu zu schenken[41] und uns zu seinen Kindern zu machen. »Das war der Plan Gottes,« hebt Escrivá hervor: »Durch seinen Tod am Kreuz gab Christus uns den Geist der Wahrheit und des Lebens. Christus lebt fort in seiner Kirche, in ihren Sakramenten, in ihrer Liturgie, in ihrer Verkündigung, in all ihrem Tun (…). *Christus lebt im Christen.*«[42]

37 »Um in etwa diesem unerforschlichen Geheimnis näher zu kommen, können wir uns vorstellen, wie die Heiligste Dreifaltigkeit, stets in innigstem Austausch unendlicher Liebe verbunden, Rat hält und seit Ewigkeit beschließt, daß der eingeborene Sohn Gottes Menschengestalt annimmt, unser Elend und unseren Schmerz auf sich lädt und ans Kreuzesholz genagelt wird.« Ebd., Nr. 95.

38 Vgl. *Hebr* 5,7-9.

39 Vor der Passion Jesu hören wir die Worte Gottes: »Ich habe ihn schon verherrlicht und werde ihn wieder verherrlichen.« *Joh* 12,28.

40 Vgl. *Apg* 2,36: »Eben diesen Jesus, den ihr ans Kreuz geschlagen habt, hat Gott zum Herrn und Messias gemacht.« – Vgl. Josemaría Escrivá, *Der Tod Christi, Leben des Christen*, a.a.O., Nr. 95. – Das Kreuz wird sogar »Siegesthron« genannt. Ders. *Der Rosenkranz*, Die schmerzensreichen Geheimnisse, Kreuzigung.

41 Vgl. *2 Kor* 5,15: »für sie (…) ist er auferstanden«; *Apg* 3,26; 26,23. – Vgl. die Homilie *Damit alle gerettet werden*, in: *Freunde Gottes*, Nr. 270.

42 Josemaría Escrivá, *Christi Gegenwart in den Christen*, a.a.O., Nr.102.

2. Die Vereinigung des Christen mit Gott

In den Schriften Escrivás über die Gotteskindschaft kann man gemäß der klassischen Theologie zwei Strukturlinien entdecken, die ineinander eng verschlungen sind und sich gewissermaßen auch gegenseitig bedingen. Die eine führt bildhaft von oben nach unten, von der Dreifaltigkeit ins menschliche Herz, und wird traditionell als »Einwohnung« bezeichnet. Die andere verläuft in umgekehrter Richtung, von der menschlichen zur göttlichen Natur; man nennt sie »Erhebung«. Beide sind Formalwirkungen der heiligmachenden Gnade und bedeuten dieselbe innige und geheimnisvolle Verbindung des Menschen mit Gott, die man aus verschiedenen Perspektiven betrachten (freilich nicht rational erfassen) kann. Sie sollen im folgenden kurz dargestellt werden.

Die Einwohnung der Heiligen Dreifaltigkeit

Der selige Josemaría streicht klar heraus, daß Gott selbst es ist, der den Menschen auch über die geschöpflichen Kategorien hinaus mit sich vereinen (das heißt *heiligen*) möchte. Auch hier geht die Initiative vom Vater aus[43]: »(Gott) ist ein Vater, der seine Kinder so sehr liebt, daß er das Wort, die zweite Person der Heiligen Dreifaltigkeit, in die Welt

43 Vgl. Josemaría Escrivá, *Mit der Kraft der Liebe*, in: *Freunde Gottes*, Nr. 228.

sendet, damit Es, Fleisch geworden, (...) uns erlöse. Es ist derselbe liebende Vater, der uns jetzt sanft zu Christus hinzieht durch das Wirken des Heiligen Geistes.«[44] Gott Vater sendet seinen Sohn in die Welt, um die Menschen aus der Gottesferne zu holen. Und der Sohn sendet[45] den Heiligen Geist in das Herz der Erlösten. Letztlich ist es aber auch hier der Vater, welcher *durch* Christus den Geist schenkt[46], damit das Werk der Erlösung den einzelnen Menschen appliziert und somit vollendet werde.

Der Heilige Geist ist die göttliche Gabe schlechthin, die personale Liebe des Vaters und des Sohnes.[47] Durch ihn ist die Liebe Gottes ausgegossen in unsere Herzen.[48] Vom Heiligen Geist ergriffen werden heißt also, von der Liebe Gottes ergriffen werden, die in ihrer ungeschaffenen göttlichen Wesenheit[49] in der begnadeten Seele wohnt. Der Mensch wird so zum Heiligtum Gottes.[50] Oft erinnert Escrivá die Christen mit dem bekannten Pauluswort an ihre erhabene Würde: »Wißt ihr nicht, daß ihr Gottes Tempel seid und der Geist Gottes in euch wohnt?«[51]

44 Ders. *Die Eucharistie*, a.a.O., Nr. 84.
45 Vgl. *Joh* 16,7. – Josemaría Escrivá, *Die Bekehrung der Kinder Gottes*, *Christi Himmelfahrt* und *Der große Unbekannte*, in: *Christus begegnen*, Nr. 66, 118 und 130.
46 Vgl. *Tit* 3,6. – Josemaría Escrivá, *Die Eucharistie*, a.a.O., Nr. 85.
47 Vgl. oben.
48 Vgl. *Röm* 5,5; *Kol* 1,22. – Josemaría Escrivá, *Die Hoffnung des Christen*, in: *Freunde Gottes*, Nr. 205.
49 »inhabitatio substantialis sive personalis«: vgl. dazu DS 1678.
50 Vgl. *Röm* 8,9; *1 Kor* 6,19; *Gal* 4,6. – Josemaría Escrivá, *Denn sie werden Gott schauen*, in: *Freunde Gottes*, Nr. 178; *Christi Gegenwart in den Christen*, a.a.O., Nr. 103.
51 *1 Kor* 3,16. – Josemaría Escrivá, *Der große Unbekannte*, a.a.O., Nr. 134.

Auf welche Weise ist der Heilige Geist gegenwärtig? Er ist die Liebe, er wohnt als Liebe im Herzen der Christen. Er sucht nicht in erster Linie Bande der Freundschaft zwischen sich und den Christen zu knüpfen; er selbst *ist* diese Freundschaft, er bewirkt die Gemeinschaft, die zwischen den Christen und Christus entsteht. Verborgen im Grunde des Herzens läßt er uns den Sohn erkennen und (durch den Sohn) auch den Vater. Er läßt uns den Sohn und den Vater lieben. Er selbst »hat kein Gesicht«, bleibt weitgehend »unbekannt«, weil er uns zu den anderen, zum Sohn und zum Vater, führt.[52]

Die Sendung des Heiligen Geistes hat wegen des Bezugs-Charakters der göttlichen Personen und ihrer darin begründeten unlöslichen und innigen Verbundenheit (der *circumincessio*) die Gegenwart des Vaters und des Sohnes im Gefolge. Escrivá spricht von dem »dreifaltigen Strom der Liebe zu den Menschen«[53]. Die *ganze* Dreifaltigkeit, betont er, »sehnt sich danach«, im Herzen des Menschen zu sein[54]: »Wenn einer mich liebt, wird er mein Wort bewahren, und mein Vater wird ihn lieben, und wir werden zu ihm kommen und Wohnung bei ihm nehmen.«[55] Vater, Sohn und Heiliger Geist wirken gemeinsam in der begnadeten Seele.[56] Der selige Jo-

52 Josemaría nannte den Heiligen Geist »den Großen Unbekannten«: Er ist unbekannt, weil die Christen seine Gegenwart vergessen. Dies ist leicht möglich, da er sich selbst verbirgt.

53 Ders. *Die Eucharistie*, a.a.O., Nr. 85.

54 Ebd., Nr. 84. Vgl. auch *Im Feuer der Schmiede*, Nr. 15.

55 *Joh* 14,23; vgl. auch *2 Kor* 6,16. – Josemaría Escrivá, *Auf dem Weg zur Heiligkeit*, a.a.O., Nr. 306.

56 Vgl. ders. *Christi Himmelfahrt*, a.a.O. Nr. 118.

semaría ist bestrebt, den Christen die Augen zu öffnen für das Unermeßliche, das sich in ihrem Innern vollzieht: »Das Herz kann gar nicht mehr anders«, betont er, »als jede einzelne der drei göttlichen Personen zu kennen und anzubeten. Das ist für die Seele wie eine neue Entdeckung im übernatürlichen Leben, so wie ein kleines Kind nach und nach die Welt entdeckt.«[57] Und er gibt den (mystischen) Ratschlag: »Im Innersten deiner Seele kannst du das Kind (von Betlehem) umarmen!«[58]

Die Einwohnung kommt somit nicht *ausschließlich* der dritten Person zu; sie wird dieser nur appropriiert. Darüber hinaus glauben aber einige Autoren, daß man dem Heiligen Geist außer der allgemeinen Einwohnung der Trinität auch noch eine besondere zusprechen müsse.[59] Escrivá geht nicht auf diese offene Frage ein.[60] (Er wollte nie eine theologische Schule gründen!) Doch er unterstreicht sehr eindrucksvoll die einzigartige Beziehung zwischen dem Geist Gottes und der menschlichen Seele.

57 Ders. *Auf dem Weg zur Heiligkeit*, in: *Freunde Gottes*, Nr. 306.

58 Ders. *Im Feuer der Schmiede*, Nr. 345.

59 Demnach wäre die Einwohnung nicht *nur* ein appropriatum, sondern darüber hinaus *auch* ein eigentliches proprium der dritten Person. Diese sicher sehr diskutierbare These vertritt nach einigen Theologen aus dem 17. Jahrhundert – wie Lessius (gest. 1623), Petavius (gest. 1647), Thomassin (gest.1655) – besonders auch Matthias Joseph Scheeben, *Die Mysterien des Christentums II*, Freiburg 1951, S. 518 f.
Eine eingehende Lehre über die Inhabitation des Heiligen Geistes bietet Leo XIII. in der Enz. *Divinum illud munus*, 9. Mai 1897; vgl. auch Johannes Paul II., Enz. *Dominum et vivificantem*, 18. Mai 1986, besonders Nr. 58 f.

60 Vgl. dazu auch *Auf dem Weg zur Heiligkeit*, in: *Freunde Gottes*, Nr. 306.

Der Heilige Geist ist das Prinzip des neuen Lebens, insofern er eine personale Begegnung von unbegreiflicher Kraft und Innigkeit zwischen dem Christen und Christus schafft: er stellt die Inkorporation in Christus her.[61] Es gehört wohl zu den tiefsten Geheimnissen eines Menschen im Stande der Gnade, daß Christus sein Leben ist und er doch nicht aufhört, er selbst zu sein.[62] Was immer aber Christus vollbringt, das vollbringt er als Mittler zwischen Gott und den Menschen. Er ist nicht nur *Ziel*, sondern in besonderer Weise auch *Weg*, nicht nur der Geoffenbarte, sondern auch der Offenbarer: seinem ganzen Wesen nach weist er auf den Vater hin. Daher gewährt die Vereinigung mit ihm eine wahre Teilnahme an der Beziehung, die er zum Vater hat. So ist der Christ in ihm in die göttliche Sohnschaft hineingenommen.[63] Seine Inkorporation in Christus hat letztlich die Begegnung mit dem himmlischen Vater zum Ziel. Diese Begegnung wird möglich gemacht in der Kraft des Heiligen Geistes. Sie wird darüber hinaus auch belebt und beseelt durch das Wirken der dritten göttlichen Person, die dem Christen das »Gespür« für seine Gotteskindschaft einflößt.[64] »Wenn wir dem Heiligen Geist gegenüber fügsam sind«, hebt der selige Josemaría hervor, »wird das Bild Christi in uns immer deutli-

61 Vgl. *Gal* 5,25; *2 Kor* 13,4. – Vgl. hierzu auch Johannes Stöhr, *La vida del cristiano según el espíritu de filiación divina*, in: *Scripta Theologica* 24 (1992/3), S. 885.

62 Vgl. Augustinus, *Enarrationes in ps.* 17,51 und 90, II, 1; PL 36,154; 37,1159. – Josemaría Escrivá z.B. in: *Der Keuzweg*, 6. Station.

63 Vgl. ders. *Im Feuer der Schmiede*, Nr. 265.

64 Vgl. ders. *Der große Unbekannte*, a.a.O., Nr. 131. – *Röm* 8,16.

cher Gestalt annehmen; dann werden wir Gott dem Vater jeden Tag näherkommen« – bis wir uns ihm schließlich »mit der Spontaneität und dem Vertrauen eines Kindes überlassen, das sich in dic Arme seines Vaters wirft.«[65]

Hier findet die vom Heiligen Geist eingeleitete Begegnung ihren Ruhepunkt. Indem sie beim Vater ankommt, kehrt sie zu ihrem ersten Ausgang zurück. Im Heiligen Geist und durch Christus wird der begnadete Mensch in das innertrinitarische Leben versetzt.[66] Er darf als Sohn, als Tochter vor Gott Vater stehen.

Die Erhebung der menschlichen Natur

Der Heilige Geist nimmt den Christen in die Liebe Gottes hinein. Er, der die Innerlichkeit Gottes ist, wird in gewissem Sinne zum Inneren des Menschen, aber nicht nur das: zugleich führt er diesen auch über sich hinaus und versenkt ihn in das Herz Gottes. Denn durch die Gnade gibt er ihm Anteil an der göttlichen Natur.[67]

Wenn ein Mensch die göttliche Gnade empfängt, wird er zum übernatürlichen Leben gezeugt[68]; er

65 Ders. *Der große Unbekannte*, a.a.O., Nr. 135.

66 Vgl. ebd., Nr. 133.

67 »consortium naturae divinae«: 2 Petr 1,4. – Die Gnade ist eine wahre und physische (wenn auch akzidentelle und analoge) Mitteilung der göttlichen Natur: Vgl. S.Th. III, q. 2, a. 10, ad 1.

68 Vgl. Josemaría Escrivá, *Die Spur des Sämanns*, Nr. 317. – *Der große Unbekannte*, a.a.O., Nr. 131.

wird in freier Liebe aus Gott neu geboren.[69] Diese Wiedergeburt ist ein wirksames Handeln Gottes, der in das innerste Sein des Menschen eingreift, es verwandelt und zu sich erhebt. In ihr vollzieht sich die Mitteilung des göttlichen Lebens. Daher kann sie als eine Analogie zur ewigen Zeugung des Sohnes betrachtet werden. Die Gnade weist somit in besonderer Weise auf eine Gleichförmigkeit mit dem *Sohn* Gottes hin, der sich uns ähnlich machte, damit wir ihm ähnlich werden – der sich erniedrigte, um uns zu erhöhen. Zwar ist unsere übernatürliche Geburt von der ewigen Zeugung unendlich verschieden, doch ist Gott durch ein und dasselbe Verhältnis, durch das er der Vater Christi ist, auch unser Vater. Christen leben in *physischer Gemeinschaft* mit ihrem Gott. Sie sind Brüder und Schwestern Christi[70] und tatsächliche Kinder des Vaters.[71] »Seht, welche Liebe uns Gott geschenkt hat: Wir heißen Kinder Gottes, und wir sind es.«[72]

Der selige Josemaría hat den Realismus urchristlichen Denkens niemals abgeschwächt. Er scheute sich nicht, darauf hinzuweisen, daß die Gnade den Menschen »vergöttlicht«[73]. Denn dieser wird einbezogen in das innere Leben der Heiligen Dreifaltig-

69 Vgl. *Joh* 1,13; 3,3-6; *Jak* 1,17-18; *1 Petr* 1,23. – Josemaría Escrivá, *Christkönig*, a.a.O., Nr. 180.

70 *Röm* 8,29: »damit er der Erstgeborene sei unter vielen Brüdern«. – Vgl. Thomas von Aquin: S.Th. III, q. 23, a. 1. – Josemaría Escrivá, *Durch Maria zu Jesus*, in: *Christus begegnen*, Nr. 145.

71 Vgl. S.Th. III, q. 23, a. 3: »Filiatio adoptionis est quaedam similitudo filiationis naturalis.«

72 *1 Joh* 3,1-2. – Vgl. Josemaría Escrivá, *Umgang mit Gott*, a.a.O., Nr. 143; *Mit der Kraft der Liebe*, ebd., Nr. 228.

73 Vgl. ders. *Der große Unbekannte*, a.a.O., Nr. 133.

keit, mitaufgenommen in die Zeugung des Sohnes und die Hauchung des Heiligen Geistes. Fortan gehört er im wahrsten Sinne zur Familie Gottes[74] – und wird gerade deshalb von Gott auch ins Vertrauen gezogen.

Gern betrachtete Escrivá den Vers aus dem Johannesevangelium: »Freunde habe ich euch genannt.«[75] Dabei unterstreicht er, daß die Freundschaft mit Gott zwar nicht notwendig in der Sohnschaft begründet sein muß[76], daß die übernatürliche Sohnschaft aber immer das Angebot zur Freundschaft beinhaltet und in dieser zu ihrer Erfüllung gelangt.[77] In irdischen Verhältnissen ist das nicht so: Kinder sind nicht unbedingt auch Freunde ihres Vaters. Sie können seine Liebe verlieren, ohne daß sie darum aufhörten, seine Kinder zu sein. Die göttliche Gnade hingegen macht uns so zu Kindern Gottes, daß wir, solange wir seine Kinder bleiben, zugleich auch seine Freunde sind.

Gott möchte uns gegenüber nichts anderes als ein guter Vater sein. »Er, der (...) der Schöpfer des Alls ist, legt keinen Wert auf klingende Titel, Ihm kommt es nicht auf feierliche Bekundungen seiner Herrschaft an.«[78] Er schenkt dem Menschen seine persönliche Liebe, nimmt ihn in den innersten Kreis

74 »domestici Dei«: *Eph* 2,19. – Vgl. Josemaría Escrivá, *Im Feuer der Schmiede*, Nr. 587.

75 Joh 15,15; vgl. auch *Eph* 2,19; *Röm* 5,10. – Josemaría Escrivá, *Die Eucharistie*, a.a.O., Nr. 93; *Gespräche*, Nr. 102; *Auf dem Weg zur Heiligkeit*, a.a.O., Nr. 315.

76 Vgl. ders. *Christkönig*, a.a.O., Nr. 185.

77 Vgl. ders. *Die Spur des Sämanns*, Nr. 750.

78 Ders. *Die Bekehrung der Kinder Gottes*, a.a.O., Nr. 64.

seines Lebens auf und vertraut ihm seine Geheimnisse an. Sein Wirken geht beständig dahin, daß seine Kinder zur Freiheit und zum Glück gelangen[79] – sowohl in diesem als auch im anderen Leben. In seinem unergründlichen Ratschluß gibt er ihnen (als Schwestern und Brüdern Christi) in der Gnade sogar das *Recht* auf die ewige Herrlichkeit.[80] Dieses Recht umfaßt alles, was sein ist – den ganzen Himmel und die ganze Erde. Endgültig und unwiderruflich wird es eingelöst, wenn das menschliche Leben zu Ende geht und der Christ für immer in seine wahre Heimat aufgenommen wird. »Unterdessen«, sagt der selige Josemaría, »müssen wir aufhorchen in Erwartung jenes liebenden Zurufs, den der heilige Ignatius von Antiochien in seiner Seele vernahm, als die Stunde des Martyriums herannahte: *Komm zum Vater!* zu deinem Vater, der dich sehnsüchtig erwartet.«[81]

79 Vgl. ders. *Der Kreuzweg*, Vorwort.
80 Vgl. *Tit* 3,7. – DS 1528; 1545.
81 Josemaría Escrivá, *Die Hoffnung des Christen*, in: *Freunde Gottes*, Nr. 221 (Ignatius von Antiochien, *Epistola ad Romanos*, 7; PG 5,694); vgl. auch *Die Spur des Sämanns*, Nr. 885.

III. Hinweise für das christliche Leben

Der Mensch ist seiner tiefsten theologischen und religiösen Bestimmung nach geschaffen, um auf Gottes Ruf zu antworten, um die großartige Einladung anzunehmen, zur göttlichen Familie dazuzugehören. Das Ziel ist höchst erhaben; seine Betrachtung kann anspornen und beglücken. Es kann aber auch geschehen, daß jemand, der seine eigenen Schwächen und Grenzen kennt und sich nicht einbildet, mehr zu sein als »eine Handvoll Lehm«[82] angesichts solch eines hohen Ziels entmutigt wird. Denn wer dürfte sich für würdig erachten, an den Geheimnissen der Heiligen Dreifaltigkeit teilzunehmen?

1. Die »Dreifaltigkeit der Erde«

Der selige Josemaría kannte die Herzen der Menschen; er wußte um die Zweifel, die jeden Christen plagen können. Doch er fand einen »leichten« Weg zu Gott, den zu gehen er mit aufrichtiger Dankbarkeit auch allen anderen empfahl. Christus selbst eröffnete diesen Weg mit seiner Inkarnation, als er sich eine menschliche Mutter und (in seelisch-geistiger und juristischer Verwandtschaft) auch einen menschlichen Vater auswählte und so auch auf der Erde eine »göttliche Familie« begründete. Tritt man in diese Familie innerlich ein – so lehrt Escrivá –, dann wird man im vertrauensvollen Umgang mit Jo-

82 Vgl. *Gen* 2,7. – Josemaría Escrivá, *Der Kreuzweg*, Vorwort.

sef, mit Maria und mit Jesus stufenweise *wie von selbst* in das Innenleben Gottes hineingeführt.[83]

Inspiriert von der christlichen Kunst nannte der selige Josemaría die Familie von Nazaret gern die »Dreifaltigkeit der Erde«, die auf die »Dreifaltigkeit des Himmels« verweist.[84] Sicher sprach er hier nicht in *dogmatischer* Hinsicht. Es kann sich nicht um eine Analogie auf ontologischer Ebene handeln, weil Josef, Jesus und Maria offensichtlich in anderer Beziehung zueinander stehen als der Vater, der Sohn und der Heilige Geist aufgrund der ewigen Hervorgänge es tun. Doch das Bild ist in *geistlicher* Hinsicht äußerst aufschlußreich, denn es verdeutlicht jenen »leichten« Weg zu Gott: wenn ein Christ sich in das Leben Jesu versetzt und den menschgewordenen Sohn Gottes nachzuahmen beginnt, wird er eine liebevolle Beziehung zu Maria und zu Josef knüpfen. Er wird sich in der Familie von Nazaret immer mehr geborgen wissen. Hier kann er lernen, mit dem dreifaltigen Gott auf einfache Weise zu verkehren und mit heiterer Gelassenheit sein Leben zu meistern. Hier gewöhnt er sich daran, die alltäglichen Ereignisse aus der Perspektive Gottes zu betrachten, und er erwirbt einen immer tieferen Seelenfrieden. »Es

83 Vgl. ders. *Mutter Gottes, unsere Mutter*, a.a.O., Nr. 293.

84 Dieser Ausdruck geht wahrscheinlich auf Johannes Gerson (1363-1429) zurück, der die Heilige Familie in einer Predigt während des Konzils von Konstanz (am 8.11.1416) wohl zum ersten Mal als irdische »Dreifaltigkeit« bezeichnete: Vgl. *Sermo de Nativitate B.Mariae Virginis*. Ioannis Gersonii, Op. omnia, vol. III, Antwerpiae 1706, cols. 1345-1358. – Die Predigt ist zum Teil neu ins Spanische übersetzt und findet sich im Anhang des Buches *San José. Patriarca del Pueblo de Dios*, von Francisco Canals Vidal, Valladolid 1982, S. 502-505.

ist der Frieden zu wissen, daß Gott, unser Vater, uns liebt, daß wir Christus einverleibt, durch Unsere Liebe Frau beschützt und durch den heiligen Josef beschirmt sind«, betont der selige Josemaría. »Das ist das mächtige Licht, das unser Leben erhellt und uns ermutigt, in allen Schwierigkeiten und persönlichen Schwächen weiterzugehen.«[85]

Für Escrivá gehört ein liebevoller Umgang mit Maria (und auch mit dem heiligen Josef) zum »Wesenskern« der Gotteskindschaft.[86] Dieser Umgang ist zunächst in der Identifikation des Christen mit Christus begründet, vordergründig also eine *Folge* der Christusgemeinschaft: der menschgewordene Sohn Gottes weist auf seine irdischen Eltern hin. Doch auf einer weitaus tieferen Ebene ist es ja Maria, die Mutter der Erlösten und Vermittlerin aller Gnaden[87], die uns Christus schenkt und die zuinnerst auch selbst an unserer Wiedergeburt beteiligt ist. Da sie Mutter Christi ist, wird sie durch unsere Inkorporation in Christus auch unsere Mutter.[88] Ähnlich verhält es sich mit dem heiligen Josef, der als wahrer Ehemann Marias auch *Vater* ihres Erstgeborenen und aller ihrer Kinder genannt werden kann.[89] Das heißt, der Bezug zu Maria (und zum heiligen Josef) ist nicht

85 Josemaría Escrivá, *Die Ehe, eine christliche Berufung*, in: *Christus begegnen*, Nr. 22.
86 Ders. *Im Feuer der Schmiede*, Nr. 354.
87 Vgl. die Ansprache Pauls VI. (vom 21.11.1964) während des II. Vatikanischen Konzils, als die Konstitution über die Kirche verabschiedet wurde: AAS LVI (1964) 1015 ff. bzw. *Constitutiones, Decreta …*, Typis Polyglottis Vaticanis 1966, S. 985. – *Lumen gentium*, Nr.61 ff.
88 Vgl. Josemaría Escrivá, *Durch Maria zu Jesus* und *Maria, Ursache unserer Freude*, in: *Christus begegnen*, Nr. 141 und 171.
89 Vgl. ders. *Der Weg*, Nr. 559.

nur Folge, sondern auf geheimnisvolle Weise auch *Grund* unserer Vereinigung mit Christus. Beide Heilige schenken uns *zuerst* den Sohn, der uns zu seinen irdischen Eltern führt, damit wir von diesen einen herzlicheren Umgang mit ihm erlernen. »Am Anfang des Weges, dessen Ende die ganze Torheit eines Lebens für Jesus ist, steht eine vertrauensvolle Liebe zu Maria«[90], hebt der selige Josemaría hervor.

Unsere Beziehungen zu Maria und Josef einerseits und zu Jesus andererseits sind also wechselseitig, aber durchaus nicht symmetrisch. Jesus bringt uns zu seinen Eltern, damit diese uns zu ihm zurückführen – damit sie uns zeigen, wie wir den Sohn Gottes schlicht und kindlich lieben und schließlich *in ihm und mit ihm* zu unserem Vater im Himmel gelangen können. Unsere Marienfrömmigkeit und unsere Verehrung zum heiligen Josef sind also christozentrisch und haben einen starken trinitarischen Bezug, wie der selige Josemaría an vielen Stellen seiner Werke unterstreicht. Letztes Ziel des inneren Strebens ist es, die Gotteskindschaft immer klarer zum Ausdruck zu bringen.

2. Das »Wagnis« der Gottesfreundschaft

Durch das Wirken des Heiligen Geistes (und die Mitwirkung Marias und Josefs) steht der Christ zu Gott, seinem Vater, in einem Verhältnis persönlicher

90 Ders. *Der Rosenkranz*, Vorwort. – Damit soll natürlich nicht bestritten werden, daß – radikal betrachtet – die Initiative immer von Gott ausgeht, der *zuerst* Maria und Josef erschafft.

Freundschaft und Liebe. Freundschaft schließen, lieben und geliebt werden, Empfindungen miteinander teilen und Schweres gemeinsam tragen, gehört sicher zu den tiefsten Bedürfnissen des menschlichen Herzens. »Selig, wer einen wahren Freund gefunden hat.«[91]

Zugleich ist jede Freundschaft aber auch ein Wagnis, insofern die Überantwortung an einen anderen in ihren Folgen letztlich immer unberechenbar bleibt. Das gilt auch für die Freundschaft zwischen Gott und dem Menschen. Auch sie ist Belastungsproben ausgesetzt. Werden diese ausgehalten und gemeistert, so erweist sich die Selbstlosigkeit der Liebe als echt. Wohl mit Blick auf dieses Wagnis und voll übernatürlicher Kühnheit spricht der selige Josemaría vom wunderbaren »Abenteuer« der Gotteskindschaft.[92]

Objektiv betrachtet ist sicherlich Gott der einzige, der in der Liebe zu seinen Kindern ein »Risiko« eingeht. Er wagt es mit den Menschen, obwohl er ihre Schwäche und Sündhaftigkeit kennt, obwohl er gewissermaßen Gefahr läuft, von ihnen wie ein brauchbarer Gegenstand behandelt oder wie ein unbrauchbarer mißhandelt zu werden.[93] Doch auch der Mensch geht – zumindest aus seiner engen *subjektiven* Sicht – ein Risiko ein, wenn er sich Gott überläßt: denn er weiß ganz genau, daß Gott gerade sei-

91 *Sir* 25,12; vgl. auch *Sir* 6,14-16. – Josemaría Escrivá, *Christi Herz, Frieden des Christen*, a.a.O., Nr. 166; *Auf dem Weg zur Heiligkeit*, a.a.O., Nr. 315.
92 Ders. *Die Spur des Sämanns*, Nr. 184.
93 Vgl. ders. *Die Eucharistie*, a.a.O., Nr. 93.

nen besten Freunden überraschende Prüfungen zu schicken pflegt.[94]

Ein Haupthindernis, um den Sinn der Gotteskindschaft zu erfassen, besteht wohl in der menschlich verständlichen Blindheit für ihren Zusammenhang mit dem Kreuz. Jeder weiß aus eigener Erfahrung (und aus zahlreichen Begegnungen mit anderen Menschen), daß auch ein Christ sich weigern kann, Gott als guten Vater zu betrachten, wenn dieser die Dinge anders lenkt, als man gewünscht und erwartet hat. Escrivá lehnte solch eine oberflächliche Sicht der väterlichen Güte Gottes entschieden ab, nahm andererseits aber auch den menschlichen Schmerz in allen seinen Dimensionen sehr ernst.[95] Für ihn war die Gotteskindschaft niemals eine Sentimentalität, kein Schwelgen in angenehmen Gefühlen, kein Alibi für ein bequemes Leben. Er lehrte, daß Schmerz und Leid selbstverständlich dazugehören, wenn man von Gott ins Vertrauen gezogen wird. Denn wen der Herr in seine Nähe ruft, den ruft er hier auf Erden zum Kreuz. Er behandelt ihn wie seinen eigenen geliebten Sohn[96], dem er selbst das grausamste Leid in seinem unergründlichen Ratschluß nicht ersparte: »bei Jesus sein, heißt (…) mit Sicherheit, seinem Kreuz begegnen«[97]. Und nahe beim Kreuz sein, heißt wiederum, auf besonders in-

94 Vgl. die Geschichte Abrahams: Gen 11,26-25,11. Abraham wird in der Heiligen Schrift oft als »Freund Gottes« dargestellt, z.B. in *2 Chr* 20,7; *Jdt* 8,25-27; Jes 41,8.

95 Vgl. z.B. Josemaría Escrivá, *Die Spur des Sämanns*, Nr. 233; 245; 251; *Im Feuer der Schmiede*, Nr. 793.

96 Vgl. das oben Gesagte bezüglich der Einheit der göttlichen Personen.

97 Ders. *Auf dem Weg zur Heiligkeit*, a.a.O., Nr. 301.

tensive Weise als Kind Gottes leben zu dürfen. »Gott ist mein Vater«, bekennt der selige Josemaría, »auch dann, wenn er mir Leid schickt. Seine Liebe ist zart, auch dann, wenn er mich verwundet. (…) Warum (…) klagen, wenn Leid mich auf meinem Weg begleitet? Ich will darin das sichere Merkmal erkennen, daß ich Kind bin: Gott handelt ja an mir so, wie er an seinem göttlichen Sohn gehandelt hat.«[98]

So wie vor 2000 Jahren das Kreuz (und mit ihm die Sünde der Menschen) durch einen göttlichen Eingriff *nicht verhindert* wurde, so werden bis zum Ende der Zeiten Leid und Schmerz (als *Folge* der Sünde und als *Sünde selbst*) das unergründliche Geheimnis der menschlichen Macht verkünden, vor der selbst der allmächtige Gott sich beugen wollte. Und so wie Christus – in völliger Übereinstimmung mit dem himmlischen Vater – das Kreuz freiwillig auf sich nahm, um den Menschen zu bezeugen, daß die Liebe Gottes »bis zum letzten« geht, so sind auch die Christen aufgerufen, ihr Kreuz zu tragen und in ihm das Geheimnis der verschwenderischen Liebe und der überreichen Erlösung zu entdecken. Escrivá spornte sogar dazu an, das Kreuz zu lieben[99], weil es sicheres Zeichen der Auserwählung und »Unterpfand wahrer Gotteskindschaft«[100] ist. Ohne eine tiefe Auseinandersetzung mit dem menschlichen Schmerz und ohne das aufrichtige Bemühen, ihn zu einem guten Teil (sogar freiwillig) mitzutra-

98 Ders. *Der Kreuzweg*, 1. Station, Nr. 1.
99 Vgl. ders. *Der Weg*, Nr. 873; *Im Feuer der Schmiede*, Nr. 42.
100 Ders. *Die Spur des Sämanns*, Nr. 70.

gen – und dadurch »mitzuerlösen«[101] – hat man nicht begriffen, was es heißt, ein Vertrauter Gottes zu sein.

Doch wir sind nicht durch das Leid erlöst, sondern durch eine grenzenlose Liebe. Ebenso richtet sich der übernatürliche Wunsch eines Christen nach Schmerz und Entbehrungen natürlich nicht auf das Kreuz, sondern auf den Gekreuzigten. Und auch *seine* Liebe drängt nach Gestalt: sie will schenken, opfern, sich hingeben.[102] Deshalb verlangt der Liebende (nicht der Geliebte) nach dem immer wiederholten, dem immer deutlicheren Zeugnis der Liebe. Denn er will es nicht besser haben als der gekreuzigte Herr; er sucht die Schicksalsgemeinschaft mit ihm. Nach dem Grundgesetz wahrer Freundschaft strebt er danach, einer Gesinnung, eines Willens, eines Herzens und eines Geistes mit Christus zu sein und wie dieser behandelt zu werden. »Kein Leid ist für mich wirkliches Leid, solange ich nur Dich nicht verliere«[103], betete der selige Josemaría. Er sprach von der »Sehnsucht«, sich als wirklicher Sohn[104], als wirklicher Freund Gottes[105] zu zeigen.

Im Umgang mit Christus kann man allmählich lernen, daß der himmlische Vater gerade seinen Freunden nur das schickt, was für sie gut und förderlich ist, auch wenn es aus der Perspektive der Welt anders aussehen mag. »Hast du denn wieder

101 Vgl. ders. *Im Feuer der Schmiede*, Nr. 4; 26; 55.
102 Vgl. ders. *Der Weg*, Nr. 866.
103 Ders. *Im Feuer der Schmiede*, Nr. 253.
104 Vgl. ders. *Die Spur des Sämanns*, Nr. 175.
105 Ders. *Der Kreuzweg*, 13. Station, Nr. 3.

vergessen, daß Gott dein Vater ist?« fragt Escrivá. »Ein allmächtiger, allwissender, barmherziger Vater? Niemals kann er dir Schlechtes schicken. Was dir Sorgen bereitet, ist gut für dich, auch wenn deine irdischen Augen jetzt blind sind.«[106] Gott ist ein Freund, dessen Nähe um so lieber ist, je länger man sie genießt.[107] Und je länger die Freundschaft mit ihm dauert, desto weniger sieht man sie als ein »Wagnis« an, desto mehr als unverdientes Glück. Man erlangt eine immer beständigere Freude, versichert Escrivá, weil man sich in der väterlichen Liebe Gottes vor allen Höhen und Tiefen des Lebens geborgen weiß, und man kommt dazu, die Gotteskindschaft »leidenschaftlich« zu lieben.[108] »›Wenn Gott für uns ist, wer ist dann gegen uns?‹ (...) Überlassen wir die Traurigkeit denen, die nichts von ihrer Gotteskindschaft wissen wollen.«[109]

3. Die »Spannung« zwischen Kindlichkeit und geistiger Reife

Als *Tochter,* als *Sohn* steht der Christ in lebendiger Beziehung, in ständigem personalem Austausch mit seinem Vater Gott.[110] Das Antwort-Geben beansprucht ihn ganz, in all seinen Dimensionen und Wirklichkeiten. Wenn er sich bemüht, der Gnade

106 Ebd., 9. Station, Nr. 4.
107 Vgl. *Weish* 8,16.
108 Josemaría Escrivá, *Im Feuer der Schmiede*, Nr. 333.
109 Ders. *Demut*, in: *Freunde Gottes*, Nr. 108.
110 Vgl. ders. *Der Weg*, Nr. 897.

keine Hindernisse entgegenzusetzen – wenn er sich der Liebe Gottes nicht verweigert –, dann gibt die Gotteskindschaft ihm nach und nach das Persönlichkeitsgepräge. Das heißt, die tiefe ontologische Wirklichkeit, vor Gott *Kind* zu sein, wird mit wachsendem Gnadenleben auch in seiner Mentalität und seinem Verhalten, in seiner Art des Denkens, Fühlens, Wünschens und Planens zum Ausdruck kommen. Er wird niemals perfekt sein, solange er auf der Erde ist, doch mit der Hilfe Gottes wird er immer mehr ablassen von Überheblichkeit, Verstellung und Berechnung.[111] Wie ein Kind lebt er schließlich einfach, sorglos, unbefangen, heiter und lernbereit[112], mit einem unzerstörbaren Vertrauen zu seinem allmächtigen Vater[113] und mit der geistigen Weite[114] des legitimen Erben, der in gewisser Weise die gesamte Welt besitzt. Gerade in der Bindung an Gott findet er die größte Freiheit zu leben.[115] Weil er sich vom Vater grenzenlos geliebt weiß, kann er grenzenlos lieben; weil ihm Christus konkurrenzlos wichtig ist, kann er auf alles Zweitrangige verzichten. Weil er abhängig ist vom Wort des Herrn, ist er unabhängig von den Worten der Menschen. Weil er von der göttlichen Weisheit geleitet wird, macht es

111 Vgl. *Mt* 18,1-5; *Mk* 9,33-37. – Josemaría Escrivá, *Durch Maria zu Jesus*, a.a.O., Nr. 143; *Demut*, a.a.O., Nr. 102.
112 Vgl. ders. z.B. *Der Weg*, Nr. 862; 864; 868; *Die Spur des Sämanns*, Nr. 417; *Im Feuer der Schmiede*, Nr. 226.
113 Vgl. ders. z.B. *Der Weg*, Nr. 857; 875; *Im Feuer der Schmiede*, Nr. 331 f.; 348; *Die Bekehrung der Kinder Gottes*, a.a.O., Nr. 64.
114 Vgl. ders. z.B. *Der Weg*, Nr. 874; *Die Spur des Sämanns*, Nr. 96.
115 Vgl. ders. z.B. *Der große Unbekannte*, a.a.O., Nr. 138; *Das Gottesgeschenk unserer Freiheit*, in: *Freunde Gottes*, Nr. 27.

ihm nichts aus, als ein »Narr um Christi willen« zu gelten.[116] Weil seine Stärke in Gott selbst begründet ist, legt er keinen Wert darauf, vor den Menschen »groß« zu sein.[117]

Es stellt sich allerdings die Frage, wie eine solche Haltung mit dem Streben nach Heiligkeit *in der Welt* zu vereinbaren ist. Kann ein Familienvater wirklich »sorglos« sein? Muß er nicht für seine Kinder die Zukunft planen und so gut es geht auch sichern? Gehört nicht eine gewisse »Schläue« dazu, um in einem liberalen Staat zu seinen Rechten zu kommen? Und inwieweit kann es angebracht, ja überhaupt erlaubt sein, daß etwa ein Politiker die öffentliche Meinung nicht beachtet – und ein Lehrer sich wie ein Narr verhält? Oder grundsätzlich formuliert: Darf ein Christ, der in der Welt ist, den Eindruck erwecken, daß die, die Christus folgen, sich wie Kinder benehmen?

Für Escrivá gab es diese Probleme nicht. Denn er sah keinerlei Gegensatz zwischen einem einfachen, ursprünglichen Verhältnis zu Gott und den Menschen und der reifen Persönlichkeit eines Erwachsenen. Er lehrte sogar, daß beide nur zusammen erlangt werden können, denn sie durchdringen sich gegenseitig: wenn ein Christ den Umgang mit Christus pflegt, wird er zu einer großen menschlichen und übernatürlichen Reife geführt[118], die in gewisser

116 Vgl. ders. *Der Weg*, Nr. 438; 910; 916.
117 Vgl. ders. z.B. *Der Weg*, Nr. 869; 892; *Der Rosenkranz*, Vorwort; *Umgang mit Gott*, a.a.O., Nr. 144.
118 Vgl. ders. *Die Spur des Sämanns*, Nr. 267; *Der große Unbekannte*, a.a.O., Nr. 135.

Weise aber auch notwendig ist, um die Vertrauensbeweise Gottes überhaupt annehmen und tragen zu können.[119] Gerade die Tatsache, daß Gott bereit ist, die Menschen an seinem Innenleben teilhaben zu lassen, zeigt ja, wie ernst er seine Geschöpfe nimmt.[120] Er denkt nicht gering vom Menschen; er rechnet mit ihm. Und er erklärt ihn gewissermaßen für mündig, wenn er ihn zur Nachfolge Christi beruft.[121] Mit der Mündigkeitserklärung aber gibt er seinen Kindern nicht nur das Recht, sondern auch die Pflicht zu verantwortlichem und selbständigem Handeln in der Welt. Diese, bemerkt Escrivá, werden sich deshalb in der Gesellschaft nie als bloße »Zuschauer« fühlen.[122] Vielmehr werden sie sich bemühen, alle Bereiche, in die sie gelangen, mit christlichem Geist zu erfüllen.[123] Wahre Gotteskindschaft setzt daher voraus, daß man an sich arbeitet. Nur mit einem starken Willen[124], mit umfassenden Kenntnissen[125] und mit einer aufrichtigen Hingabebereitschaft[126] ist es möglich, sich in den verschiedensten Situationen als treuer Freund Gottes zu zeigen und von der Liebe des himmlischen Vaters Zeugnis zu geben.

Das Leben eines mündigen Christen steht nicht

119 Vgl. ders. *Der Weg*, Nr. 853; 877; 888.
120 Vgl. ebd., Nr. 854.
121 Vgl. *Gal* 4,1-3; *1 Kor* 3,1.
122 Vgl. Josemaría Escrivá, *Die Spur des Sämanns*, Nr. 790.
123 Vgl. ebd., Nr. 311.
124 Vgl. ders. *Der Weg*, Nr. 856; 883; 891.
125 Vgl. ebd., Nr. 857.
126 Vgl. ders. *Durch Maria zu Jesus*, a.a.O., Nr. 147.

im Gegensatz zum Kindsein, sondern zur Unreife[127] – zu jenem egozentrischen, launenhaften, auch naiven Verhalten, das sich in jedem Alter zeigen kann. Doch wer in Gott hineingeht, findet in ihm die Liebe zu seiner Welt. Er wird aufgenommen in die göttlichen »Sendungen«, was in der Wirklichkeit der Welt Apostolat und Evangelisierung bedeutet. Daher wenden sich die Christen mit leidenschaftlichem Eifer den anderen Menschen zu. Als mündige Töchter und Söhne werden sie um die Gnade bitten, sich selbst zu vergessen, und sie werden nicht zögern, sich mit allen ihren Fähigkeiten für das Glück der anderen zu verausgaben[128] – auch wenn ihnen widrige Winde ins Gesicht blasen und sie gegen den Strom angehen müssen. Sie haben keine Angst vor dem Leben und keine Angst vor dem Tod.[129] Denn sie wissen ja, daß sie nicht allein sind. Die Gegenwart des dreifaltigen Gottes bewirkt, daß sie sich überall »in Familie« fühlen können, daß sie überall »zu Hause« sind.[130] Wenn es ihnen gelingt, die Atmosphäre, die Gottes Gnade in ihren Herzen geschaffen hat, auch auf ihre Umgebung zu übertragen, wird das menschliche und geistliche Klima sich beträchtlich erwärmen. Christen, die das Geschenk des Glaubens erfaßt haben, können Frieden und Freude säen[131] und den Menschen zu einem sinnvolleren

127 Vgl. ders. *Das Gottesgeschenk unserer Freiheit*, in: *Freunde Gottes*, Nr. 66.

128 Vgl. ders. *Mit der Kraft der Liebe*, a.a.O., Nr. 228.

129 Vgl. ders. *Brief*, 19.3.1954.

130 Vgl. Fernando Ocáriz: *Die Gotteskindschaft in Leben und Lehre des seligen Josemaría Escrivá*, S. 55 f. dieses Bandes.

131 Vgl. Josemaría Escrivá, *Die Spur des Sämanns*, Nr. 59.

Leben verhelfen. Normalerweise haben sie keine Schwierigkeiten, sich allen ihren Schwestern und Brüdern gegenüber solidarisch zu zeigen.[132] Doch sie schätzen die Freundschaft Gottes immer höher als die Freundschaft der Welt, höher auch als materiellen Wohlstand, Karriere und Erfolg. Könnte man sich den wahren Sohn Gottes als begütert und mächtig nach Art der Großen dieser Welt denken, als jemand, der sich auf etwas anderes stützt als auf seinen Vater?

Das Abenteuer der Gotteskindschaft ist mit einer Reise vergleichbar, die endlos ist. Sie führt zu einem Ozean, dessen anderes Ufer nur erahnt werden kann. Der Christ atmet schon die Brise ein, die vom weiten Meer herkommt. Er genießt die Weite und den Wind. Sein Blick reicht bis zum fernen Horizont, »wo Himmel und Erde sich vereinen«. Doch das Schiff, das ihn trägt, liegt noch vor Anker. Noch kann er nicht erkennen, was »hinter« jenem Horizont verborgen ist. Eines Tages aber wird der Anker gelichtet werden. Dann wird er hinausfahren in eine noch schönere Welt, in der ihn voll Freude der empfängt, der ihm seit jeher Vater war – und es immer nur gut mit ihm meinte. Und er wird das unergründliche Geheimnis der Liebe Gottes zu den Menschen in seiner »Länge und Breite, Höhe und Tiefe« (Eph 3,18) endgültig erfahren dürfen.[133]

132 Vgl. ebd., Nr. 299; 303; 317.
133 Vgl. ders. *Christi Herz, Frieden des Christen*, in: *Christus begegnen*, Nr. 163.

Fernando Ocáriz

Die Gotteskindschaft in Leben und Lehre des seligen Josemaría Escrivá

Zur Einführung

Seit dem 26. Juni 1975[1] haben Menschen von überallher dankbar bekannt, daß ihr Leben tief und nachhaltig von Josemaría Escrivá und seiner Lehre geprägt worden ist. Theologen wiesen darauf hin, daß der Vater, wie ihn familiär viele Menschen auf der ganzen Welt nennen, wegweisende Beiträge zur Theologie geliefert hat.[2]

1 Sterbetag von Josemaría Escrivá; der 26. Juni wird seit der Seligsprechung 1992 als sein Gedenktag gefeiert.
2 Für das Studium der Schriften von Escrivá kann uns sein erster Nachfolger, Bischof Alvaro del Portillo, wichtige Fingerzeige geben. Ihm zufolge gilt es, folgende Merkmale der Verkündigung Escrivás besonders zu beachten: Zunächst die theologische Tiefe. Seine hinterlassenen Texte seien kein theologischer Traktat im gewöhnlichen Sinne des Wortes. »Sie sind«, so Portillo, »nicht als Abhandlung über spezielle Themen konzipiert worden, sie wurden vielmehr in lebendiger Rede vor Zuhörern sehr unterschiedlicher kultureller und sozialer Prägung vorgetragen – mit einer Sprachengabe, die das Gesagte allen zugänglich macht. Der Gedankengang läßt einen unablässigen, liebevollen Umgang mit dem Wort Gottes erkennen.
Man beachte etwa, wie der Verfasser das Evangelium kommentiert. Es wird weder um der Gelehrsamkeit willen noch aus einem Zitierdrang heraus angeführt. Jede Stelle ist oft meditiert worden und hat im Lichte

Zweifellos gehört zu diesen neuen Aspekten auch die Gotteskindschaft, nicht verstanden als eine unter anderen theoretischen Wahrheiten, sondern aufgefaßt und gelebt als Fundament der gesamten christlichen Existenz.[3]

Kind Gottes sein: diese Entdeckung wurde von Escrivá, mit heiligem Ungestüm und tief ausgelotet, nicht in erster Linie als systematische theologische Lehre, sondern, und dies nicht ohne besondere Vorsehung Gottes, als Herzmitte seines Umgangs mit dem Herrn.

»Aus Gründen, die hier nicht hingehören (...), bin ich in meinem Leben zu einem besonders tiefen Bewußtsein der Gotteskindschaft geführt worden«, schreibt Escrivá. »Ich habe das Glück erfahren, mich im Herzen meines Vaters bergen zu dürfen, um von dort aus – auf dem Fundament seiner Liebe und meiner Demütigung – manches zu begradigen,

dieser Kontemplation neue Aspekte enthüllt, die Jahrhunderte hindurch verborgen geblieben waren.« (Alvaro del Portillo, Einführung zu: Josemaría Escrivá, *Christus begegnen*, S. 14).

3 Einen Widerhall seiner neuen und lebensnahen Lehre – »alt wie das Evangelium und wie das Evangelium neu«, wie Escrivá selbst zu sagen pflegte – finden wir etwa in folgendem Punkt seines Buches *Der Weg*: »›Vater‹, sagte mir jener Bursche, ein guter Student der Central (was mag aus ihm geworden sein?), ›ich mußte an Ihre Worte denken ..., daß ich ein Sohn Gottes bin! Und ich überraschte mich auf der Straße, erhobenen Hauptes, innerlich voller Stolz ... Sohn Gottes!‹
Ich riet ihm ruhigen Gewissens, diesen ›Stolz‹ zu pflegen.« (*Der Weg*, Nr. 274). In Bezug auf diesen »Stolz« liest man an anderer Stelle: »Ruhe aus in der Gotteskindschaft! Gott ist Vater – dein Vater! Zart und unerschöpflich ist seine Liebe.
Nenne ihn oft Vater und sage Ihm unter vier Augen, daß du Ihn liebst, sehr, sehr liebst! Sage Ihm, daß du zutiefst die Ehre empfindest, sein Sohn, seine Tochter zu sein, und daß du daraus deine ganze Kraft schöpfst.« (*Im Feuer der Schmiede*, Nr. 331).

mich zu läutern, dem Herrn zu dienen, alle Menschen zu verstehen und zu entschuldigen.

Deshalb möchte ich jetzt den Nachdruck auf die Notwendigkeit unserer inneren Erneuerung legen: Es ist nötig, daß wir, ihr und ich, diese Schlafschwere aus Schwäche, die uns so leicht überkommt, abschütteln und uns von neuem tiefer und unmittelbarer als Kinder Gottes erkennen.

Das Beispiel Jesu, wie Er das Heilige Land durchzog, kann uns helfen, daß wir von der Wirklichkeit der Gotteskindschaft ganz durchdrungen werden. In der Lesung des heutigen Sonntags heißt es: *Wenn wir das Zeugnis von Menschen annehmen, so steht doch das Zeugnis Gottes höher* (*1 Joh* 5,9). Und worin besteht dieses Zeugnis Gottes? Wieder antwortet uns der heilige Johannes: *Seht, welche Liebe uns der Vater erwiesen hat: wir heißen Kinder Gottes und wir sind es (...). Geliebte, jetzt sind wir Kinder Gottes* (*1 Joh* 3,1-2).«[4]

4 Josemaría Escrivá, *Freunde Gottes*, Nr. 143. Gott wollte der Seele des seligen Josemaría diese Realität seiner väterlichen Liebe in einem ganz bestimmten Augenblick einprägen; das war im Herbst 1931, als das Opus Dei kaum drei Jahre existierte. Escrivá erzählt es knapp in seinen persönlichen Aufzeichnungen. Unter dem 22. September jenes Jahres heißt es: »Ich betrachtete die Wohltaten Gottes mir gegenüber und, voll innerer Freude, hätte ich auf der Straße schreien mögen, damit die ganze Welt meine kindliche Dankbarkeit erführe: Vater! Vater! Und, wenn auch nicht mit lauter Stimme, so doch leise, nannte ich ihn so (Vater!), viele Male, gewiß, um ihm Freude zu machen.« (Josemaría Escrivá, *Apuntes íntimos*, Nr. 296). Wenige Tage später, am 17. Oktober, verstärkte sich offensichtlich dieses Gefühl, wurde gewisser und gewann eine Deutlichkeit, die später so oft bei ihm zum Ausdruck kam. Die Kirche hat dieses neue Licht als eine besondere Vorsehung Gottes dem Seligen gegenüber anerkannt; Papst Johannes Paul II. hat es so formuliert: »Das geistliche und apostolische Leben des neuen Seligen bestand im wesentlichen darin, daß er sich im Glauben als Sohn Gottes in Christus

Die beständig gelebte Gotteskindschaft hat Escrivás *Sprechen von Gott* durch und durch geprägt, so daß in der Unterweisung des Gründers die Gotteskindschaft gewissermaßen zum Angelpunkt wird.[5]

Die christliche Existenz wird zutiefst von der Gotteskindschaft geprägt. »Die Gotteskindschaft ist

wußte.« (*Homilie* anläßlich der Seligsprechung von Josemaría Escrivá und Giuseppina Bakhita, 17. Mai 1992, in: *Geh ein in die Freude deines Herrn. Seligsprechung von Josemaría Escrivá, Gründer des Opus Dei*, Köln 1992, S. 31).

5 Alvaro del Portillo schreibt in seiner Einführung zu *Christus begegnen* (S. 16): »Immer wieder vernimmt man das Echo der Worte des heiligen Paulus: ›Denn alle, die sich vom Geiste Gottes leiten lassen, sind Kinder Gottes. Ihr habt ja nicht den Geist der Knechtschaft empfangen, um von neuem in Furcht zu leben, sondern ihr habt den Geist der Kindschaft empfangen, in dem wir rufen: Abba, Vater! Eben dieser Geist bezeugt unserem Geiste, daß wir Kinder Gottes sind. Sind wir aber Kinder, so sind wir auch Erben: Erben Gottes und Miterben Christi. Nur müssen wir mit Ihm leiden, um mit Ihm verherrlicht zu werden‹ (*Röm* 8,14-17). In diesem trinitarischen Text – die Heiligste Dreifaltigkeit ist ein anderes Thema in diesen Homilien – wird uns der Weg gewiesen, der im Heiligen Geist zum Vater führt. Der Weg ist Christus, unser Bruder und Freund – der Freund –, unser Herr, König und Meister. Das christliche Leben besteht folglich darin, mit Christus fortwährend Umgang zu haben; und dieser Umgang vollzieht sich im alltäglichen Leben, ohne daß es nötig wäre, sich von seinem eigenen Platz zu entfernen.«
Auch in seiner Homilie aus Anlaß der Seligsprechung sagte del Portillo: »Das Empfinden für die in Christus geschenkte Gotteskindschaft, die das ganze Leben des seligen Josemaría und seine Verkündigung erfüllte, weckte in seiner Seele den brennenden Wunsch nach der Anschauung Gottes. (...) Es war wenige Wochen, bevor der Herr ihn zu sich rief, um ihn für immer an seiner beseligenden Gegenwart teilhaben zu lassen, als er zu uns sagte: ›Wir müssen immer (...) im Himmel und auf der Erde zugleich sein. Nicht 'zwischen' Himmel und Erde, denn wir sind von der Welt. Gleichzeitig in der Welt und im Paradies sein: vergöttlicht, aber dennoch wissend, daß wir aus der Welt sind.‹ Über den Weg der Kontemplation inmitten der irdischen Beschäftigungen führte der Heilige Geist den seligen Josemaría bis zu den Gipfeln mystischen Lebens, bis hin zur Vereinigung mit der Allerheiligsten Dreifaltigkeit.« (*Homilie*, gehalten während der Messe für den Seligen Josemaría Escrivá, 18. Mai 1992 auf dem Petersplatz, in: *Geh ein in die Freude deines Herrn*, S. 77).

eine herrliche Wahrheit, ein tröstliches Geheimnis. Sie erfüllt ganz unser inneres Leben. Denn durch sie lernen wir, mit unserem himmlischen Vater umzugehen, Ihn kennenzulernen, Ihn zu lieben. Sie gründet unseren inneren Kampf auf die Hoffnung, und sie ist es schließlich, die uns die vertrauensvolle Einfachheit kleiner Kinder schenkt. Mehr noch: gerade weil wir Kinder Gottes sind, schauen wir mit Liebe und Bewunderung auf alle Dinge, die aus der Hand des göttlichen Vaters und Schöpfers stammen. Auf diese Weise leben wir kontemplativ inmitten der Welt und lieben diese Welt«, so Escrivá.[6]

Demzufolge läßt sich auch das Werk, das Gott Josemaría Escrivá anvertraute – das Opus Dei –, zu-

6 Josemaría Escrivá, *Christus begegnen*, Nr. 65. – Genau darin, betont del Portillo, besteht der zentrale Gedanke Escrivás: »Die Heiligkeit – die Fülle des christlichen Lebens – ist für jeden Menschen erreichbar, unabhängig von Stand und Herkommen. Und auch: Das gewöhnliche Leben mit all seinen Gegebenheiten birgt die Möglichkeit einer unbegrenzten Hingabe an die Liebe Gottes und eines aktiven Apostolates in jedem gesellschaftlichen Umfeld.« (*Mons. Escrivá de Balaguer, instrumento de Dios*, Vortrag an der Universität von Navarra am 12. Juni 1976, in: *Una vida para Dios*, Madrid 1992, S. 45–46.) Del Portillo formulierte auch: »Die Heiligkeit, die der selige Josemaría erreicht hat, stellt kein unerreichbares Ideal dar. Es handelt sich nicht um ein Vorbild, das lediglich einige auserwählte Seelen angeht, sondern es wendet sich vielmehr an unzählige Christen, die von Gott berufen sind, sich in der Welt zu heiligen: in der Welt der beruflichen Arbeit, in der Welt des familiären und sozialen Lebens. Dieses Ideal ist ein leuchtendes Beispiel dafür, wie die Beschäftigungen des Alltags kein Hindernis sind für den Fortschritt im geistlichen Leben, sondern daß es möglich und notwendig ist, sie in Gebet zu verwandeln. Der Selige selbst vermerkte überrascht in seinen persönlichen Aufzeichnungen, daß ihn eine tief bewegende Liebe zu Gott ausgerechnet ›auf der Straße, inmitten des Lärms des Autoverkehrs, der öffentlichen Transportmittel, der Passanten und sogar bei der Lektüre der Zeitung überkam‹.« (*Homilie*, gehalten während der Messe für den Seligen Josemaría Escrivá am 18. Mai 1992, in: *Geh ein in die Freude deines Herrn*, S. 77).

sammenfassen als »Weg der Heiligung in der beruflichen Arbeit und in der Erfüllung der gewöhnlichen Pflichten des christlichen Alltags«[7], inmitten der Welt also. In jedem Fall ist »die Heiligkeit, beim Priester ebenso wie beim Laien«, so schrieb Escrivá 1945, »nichts anderes als die Vollkommenheit des christlichen Lebens, die Fülle der Gotteskindschaft.«[8]

Man versteht, warum er von Anfang an betont hat, daß »der Geist des Opus Dei auf der Gotteskindschaft gründet«[9]. Als Fundament des christlichen Lebens in all seinen Ausprägungen besitzt dieser Geist eine Universalität, die ungezählten Menschen jeden Herkommens und jeden Standes erlaubt, den je eigenen Weg zu finden – wie ihn in der Tat viele gefunden haben.

Dieser Geist, der sich zunächst im inneren Leben jedes einzelnen kundtun will, formt, wie könnte es anders sein, auch das korporative Apostolat des Opus Dei. In einem Presseinterview weist Escrivá daher als fundamentales Charakteristikum der apostolischen Arbeit des Opus Dei auf »den Vorrang hin, den wir in unserer Arbeit der menschlichen Person, dem Wirken des Heiligen Geistes im Menschen und der Achtung vor der aus der Gotteskindschaft

7 Aus dem Gebet zur Verehrung des seligen Josemaría Escrivá.
8 Zitiert in: Alvaro del Portillo, *Una vida para Dios*, S. 83. Deshalb hob der selige Josemaría auch ganz klar hervor: »Heilig sein ist nicht leicht, aber (…) es ist auch nicht so schwer. Heilig sein heißt ein guter Christ sein: die Gestalt Christi annehmen. Je ähnlicher du Christus wirst, desto mehr bist du Christ; und je mehr du Christus gehörst, desto heiliger bist du.« (Josemaría Escrivá, *Im Feuer der Schmiede*, Nr. 10).
9 Ders. *Christus begegnen*, Nr. 64.

stammenden Würde und Freiheit des Christen beimessen«[10].

Hier soll der Versuch unternommen werden, die Lehre des Opus-Dei-Gründers über die Gotteskindschaft zu analysieren, sozusagen ihren theologischen Reichtum zu erschließen. Das ist leicht und schwer zugleich. Leicht, weil die Texte des Opus-Dei-Gründers eine außerordentliche Klarheit und geistige Durchdringung besitzen, so daß es nicht nötig ist, sie zu *interpretieren*, weniger noch, sie einer Vivisektion, die sie vielleicht ihrer Lebendigkeit berauben würde, zu unterziehen; und schwer, weil die Gotteskindschaft in der Tat zutiefst Wort und Geist Escrivás grundiert: sie ist daher nicht eigens in seinen Schriften thematisiert. Wenn er über den Glauben spricht oder schreibt, handelt es sich um den Glauben der Kinder Gottes, wenn er über den Starkmut predigt, ist es der Starkmut der Kinder Gottes, und wenn er von Bekehrung und Buße spricht, geht es um die Bekehrung der Kinder Gottes. Das Leben Escrivás und alles, was er über Tugenden oder andere Aspekte christlichen Lebens, des menschlichen Lebens überhaupt, sagt und schreibt, ist zuinnerst geprägt von der Tatsache der *Gotteskindschaft*.

Hier ist weder der Ort noch der Zeitpunkt, eine sozusagen *geistliche Biographie* Escrivás in Angriff zu nehmen. Sicher wäre dies viel erhellender als die bloße objektiv-theologische, notwendigerweise akademische Analyse, die uns hier beschäftigt. Ande-

10 Ders. *Gespräche mit Msgr. Escrivá de Balaguer*, Nr. 22.

rerseits wird der – natürlich wie übernatürlich – außergewöhnliche Reichtum seiner in Gott verliebten Seele in seinen Worten ständig erkennbar.

Daher scheint es mir angebracht, wenn wir nun das Geheimnis unserer übernatürlichen Gotteskindschaft gewissermaßen unter Anleitung von Escrivá betrachten, ein konkretes Ereignis aus seinem Leben, aus seiner geistlichen Biographie, voranzustellen.

Seit Kindheitstagen pflegte der junge Escrivá eine Art des Umgangs mit Gott, die geprägt war vom Vertrauen in einen liebenden und allmächtigen Vater. 1931 wollte der Herr jedoch – während der Vater sich in Madrid gerade in der Straßenbahn befand – seiner Seele das Bewußtsein der Gotteskindschaft ganz neu und wie mit Feuer einprägen. Kaum drei Jahre zuvor hatte ihn der Herr mit der Gründung des Opus Dei betraut, mit einer Aufgabe, die so umfassend und neu war, daß die daraus resultierenden Schwierigkeiten und das Unverständnis ihn, menschlich betrachtet, vor unüberwindliche Hindernisse stellten.

Jahre später äußerte sich der Vater dazu: »Als der Herr damals, im Jahre 1931, jene Schläge zuließ, verstand ich das nicht. Dann, plötzlich, mitten in jener großen Bitternis, diese Worte: *Du bist mein Sohn* (*Ps* 2,7). Du bist Christus. Und ich konnte nur wiederholen: *Abba, Pater! Abba, Pater! Abba! Abba! Abba!* Jetzt sehe ich es in einem neuen Licht, wie eine Neuentdeckung: so wie man nach Jahren die Hand des Herrn sieht, die Hand der göttlichen Weisheit, des Allmächtigen. Du hast mich, Herr, verstehen lassen, daß das Kreuz spüren heißt, das Glück finden, die Freude. Und der Grund dafür – mir ist das so klar wie nie – ist dieser: das Kreuz haben bedeutet mit Christus eins werden, Christus sein, und somit Sohn Gottes sein.«[11]

Die folgenden Seiten sind im Grunde nichts weiter als ein Kommentar zu diesem ungewöhnlichen Text. Sie bestehen zum größten Teil aus Worten von Escrivá selbst, in denen man nicht nur ihren asketisch-mystischen, sondern auch theologisch-doktrinellen Reichtum erahnen kann und zugleich auch die Gaben Gottes an eine begnadete und der göttlichen Liebe ergebene Seele auszumachen vermag.

11 Ders. *Betrachtung* vom 28. April 1963; RHF (Registro Histórico del Fundador) 20787, S. 15; zitiert in: Amadeo de Fuenmayor, Valentín Gómez-Iglesias, José Luis Illanes, *Die Prälatur Opus Dei – Zur Rechtsgeschichte eines Charismas*, Essen 1994, S. 19.

I. Kinder Gottes sein

1. Der Heilsplan Gottes

Wenn wir unser Leben tiefgreifend, realistisch und von seinem Ursprung her verstehen wollen, müssen wir den Himmel in Betracht ziehen. Denn nur in Gott, in seinem umfassenden geschichtlichen Heilsplan können wir das *Warum* und *Wozu* unseres Daseins erfassen. Und das nicht nur, weil wir Geschöpfe sind, sondern auch, weil »wir auf Erden sind, um in die Gemeinschaft mit Gott selbst einzutreten«[12].

Die menschliche Natur ist ihrem Wesen nach auf Dauer angelegt, sie besitzt eine geschöpfliche Würde. Doch weist das letzte *Warum* ihrer durch Gott gewirkten Erschaffung über sie selbst hinaus: Gott hat uns erschaffen, weil er uns unverdient eine höhere, ganz und gar übernatürliche Würde verleihen wollte: die Würde, seine Kinder zu sein und die Glückseligkeit zu erstreben, *domestici Dei*, Hausgenossen Gottes[13] zu sein, seiner Familie anzugehören.

Das bedeutet: »Wir sind nicht zu irgendeiner Glückseligkeit bestimmt, sondern wir sind gerufen worden in das Innenleben Gottes hinein, um Gott den Vater, Gott den Sohn und Gott den Heiligen Geist zu erkennen und zu lieben und im dreieinigen Gott alle Engel und alle Menschen.

Hier liegt die erstaunliche Kühnheit des christlichen Glaubens«, lehrt Escrivá: »Er verkündet den

12 Josemaría Escrivá, *Christus begegnen*, Nr. 100.
13 *Eph* 2,19.

Wert und die Würde der menschlichen Natur und versichert, daß wir durch die Gnade, die uns zum Übernatürlichen erhebt, erschaffen wurden, um zur Würde der Kinder Gottes zu gelangen. Wahrhaftig eine unglaubliche Kühnheit, wäre sie nicht begründet im Heilsplan Gottes des Vaters, besiegelt durch das Blut Christi und bekräftigt und ermöglicht durch das ständige Wirken des Heiligen Geistes.«[14]

Erschaffen, um »zur Würde der Kinder Gottes zu gelangen«, »in das Innenleben Gottes hinein«. Hier wird unmittelbar die göttliche Absicht offenkundig: wir Menschen sind auf das erhabene Geheimnis der Heiligsten Dreifaltigkeit bezogen. Gott hat alles erschaffen, weil er unendlich gut ist, und er hat die geistigen Geschöpfe so angelegt, daß sie in das innere Leben der göttlichen Familie, in das Leben des Vaters, des Sohnes und des Heiligen Geistes, *hineingenommen* werden können, ohne daß deshalb ihre geschöpfliche Natur zerstört oder ihr *Gewalt angetan* würde. Die Art und Weise dieser Hinneinnahme, dieses Angenommenwerden (Adoption) ist die Gotteskindschaft: Wir treten ein in die Gemeinschaft mit Gott auf dem *Weg* der Kindschaft im Eingeborenen Sohn des Vaters.

14 Josemaría Escrivá, *Christus begegnen*, Nr. 133. »Vergeßt nicht: Wer sich nicht als Sohn Gottes weiß, kennt nicht die innerste Wahrheit seines Seins, und es fehlen ihm in seinem Handeln die Würde und die Überlegenheit jener, die den Herrn über alles lieben.« (*Freunde Gottes*, Nr. 26). »Eine solche Teilhabe am Göttlichen bedeutet nicht, daß wir aufhörten, menschlich zu sein ... Wir bleiben Menschen, ja: aber Menschen, die vor der schweren Sünde zurückschrecken; Menschen, die auch läßliche Sünden verabscheuen, Menschen, die jeden Tag zugleich mit der eigenen Schwäche die Stärke Gottes erfahren.« (*Der Kreuzweg*, 6. Station, Nr. 3)

Wir wissen, daß zu Beginn der Geschichte »Adam kein guter Sohn Gottes sein wollte und sich gegen Ihn auflehnte. Gleichzeitig hören wir aber auch ständig den Widerhall der *felix culpa* – selige, glückbringende Schuld –, wie die Kirche in der Osternacht singen wird. Als die Fülle der Zeit gekommen war, sandte Gott seinen eingeborenen Sohn in die Welt, damit Er den Frieden wiederherstelle. Der Sohn erlöste uns Menschen von der Sünde, *ut adoptionem filiorum reciperemus* (*Gal* 4,5), damit wir Kinder Gottes würden, befreit von der Sünde und befähigt zur Teilnahme am Leben der Heiligsten Dreifaltigkeit. Und so hat Er diesen neuen Menschen, dieses Pfropfreis der Gotteskinder (vgl. *Röm* 6,4-5), befähigt, die gesamte Schöpfung von der Unordnung zu befreien und in Christus alles zu erneuern (vgl. *Eph* 1,5-10), der ja alles mit Gott versöhnt hat (vgl. *Kol* 1,20).«[15]

Dies ist die wahre Geschichte: nach göttlichem Plan sind wir entweder durch die Gnade wirklich und wirksam Kinder Gottes oder wir weisen dies zurück und verlassen durch die Sünde das väterliche Haus[16]. Das Aufkündigen der göttlichen Familienbande bringt eine tragische *Denaturierung* mit sich – Kinder, die entartet sind! –, denn die Natur des Gotteskindes ist die menschliche *Natur*, geheiligt und erhoben durch die Gnade, durch die wir – *divinae consortes naturae*[17] – an der göttlichen Natur Anteil erhalten.

15 Ders. *Christus begegnen*, Nr. 65.
16 Vgl. ebd., Nr. 64.
17 *2 Petr* 1,4.

Aufgrund der Erbsünde kommen wir denaturiert zur Welt, und wir können nur erneut für geeignet befunden werden, *an dem vertrauten Umgang in der göttlichen Dreifaltigkeit teilzuhaben*, indem wir *Christus eingepfropft* werden, der »uns emporgehoben hat auf seine Ebene, zur Ebene der Gotteskindschaft, indem Er herabstieg auf die Erde, zur Ebene der Menschenkinder«[18].

2. Kinder Gottes, Teilhaber am göttlichen Leben der Heiligsten Dreifaltigkeit

Nur auf eine einzige und ganz konkrete Weise nimmt Gott uns in seine Familie auf[19]: durch die Kindschaft. Diese Zugehörigkeit zur göttlichen Familie ist nicht bloß eine *moralische Frage*, ein bloßes Verhaltensmuster, sondern sie gründet auf einer realen Umformung – Erhebung, Adoption – gemäß unserem Glauben, der uns sagt, »daß der Mensch im Zustand der Gnade *vergöttlicht* ist«[20], das heißt wirklich in Gott eingesenkt, *hineingenommen*, um am göttlichen Leben teilzuhaben; an einem Leben, das in den ewigen Hervorgängen der Heiligsten Dreifaltigkeit besteht. Dies ist das *Wesen* und die radikale

18 Josemaría Escrivá, *Christus begegnen*, Nr. 21.
19 Vgl. ebd., Nr. 48.
20 Ebd., Nr. 103. Vgl. *Freunde Gottes*, Nr. 98. In *Im Feuer der Schmiede* lesen wir auch: »Unser Christsein – ein wunderbares Paradoxon der Liebe: Die eigene Ohnmacht läßt uns bei Gott unsere Zuflucht suchen. Sie bringt uns Gott nahe, sie ›vergöttlicht‹ uns, so daß wir durch Ihn und mit Ihm und in Ihm alles vermögen.« (Nr. 212).

Neuheit der *neuen Schöpfung*, der übernatürlichen Ordnung.

Wenn wir diese Wirklichkeit unserer Vergöttlichung erkennen – und in gewisser Weise *erfahren* –, wird deutlich, daß es sich um ein ungeschuldetes Geschenk handelt, das auf unserer Schwachheit beruht. Zur Familie Gottes gehören ist kein Verdienst unsererseits, kein vom Menschen gewirkter Fortschritt. »Das Wissen um die Erhabenheit der menschlichen Würde – ins Unsagbare gesteigert durch das Verfaßtwerden als Kinder Gottes aus Gnade – und die Demut im Christen bilden ein Ganzes, da das Heil und das Leben nicht aus unserer Kraft kommen, sondern aus dem göttlichen Gefallen. Diese Wahrheit darf nicht vergessen werden, denn sonst würde die *Vergöttlichung* entarten und zur Anmaßung, zum Hochmut und – früher oder später – zum geistigen Zusammenbruch führen angesichts der Erfahrung der eigenen Erbärmlichkeit und Schwäche.«[21]

Darum »können und müssen wir selbst in den Augenblicken, da wir unsere Begrenztheit besonders eindringlich spüren, zu Gott dem Vater, Gott dem Sohn und Gott dem Heiligen Geist aufschauen, denn wir sind Teilhaber am göttlichen Leben.«[22]

Diese Teilhabe, dieses *Teil-nehmen*, besitzt die ewige *Dynamik* der innertrinitarischen göttlichen Hervorgänge, wenn sich das übernatürliche Wunder vollzieht, »das Wirken des einen Geistes, der uns zu

21 Ders. *Christus begegnen*, Nr. 133.
22 Ebd., Nr. 160.

Brüdern Christi macht und uns so zu Gott, unserem Vater, führt«[23]. Es ist das unaussprechliche Wunder unserer Gotteskindschaft, die sich uns als die uns gemäße Weise auftut, »an dem Strom der Liebe teilzuhaben, der das Geheimnis des einen und dreifaltigen Gottes durchwaltet«[24]. Dies ist die *Substanz* der übernatürlichen Ordnung: Das Trinitarische Geheimnis wird in uns hinein*projiziert* oder, vielleicht besser, wir werden adoptiert, hineingenommen, um in Gott *durch* die Kindschaft, durch den Sohn, zu leben. »Wir sind Kinder Gottes geworden. Mit dieser freien göttlichen Entscheidung«, schrieb Escrivá 1967, »wurde die natürliche Würde des Menschen unvergleichlich erhöht: und wenn die Sünde dieses Wunderwerk zerstörte, stellte es die Erlösung doch noch wunderbarer wieder her und führte uns zu einer noch engeren Teilhabe an der Gotteskindschaft des Wortes.«[25]

Wir heißen nicht nur Kinder Gottes, wir sind es; Gott will in seiner verschwenderischen Güte nicht nur, daß wir ihm *wie* einem Vater begegnen, er nimmt uns vielmehr in einem unvergleichlich höheren Maß seiner Liebe als seine Kinder *im strikten Sinne* an, wenn auch begrenzt und partiell, durch Teilhabe *stricte sensu* an der Einzigen göttlichen Sohnschaft, der Zweiten Person der Dreifaltigkeit, des Eingeborenen Sohnes des Vaters. »*Seht, welch eine Liebe uns der Vater erwiesen hat: Wir heißen Kinder Gottes, und wir sind es* (*1 Joh* 3,1). Kinder

23 Ders. *Gespräche*, Nr. 67.
24 Ders. *Freunde Gottes*, Nr. 252.
25 Ders. *Brief*, 19. März 1967, Nr. 93.

Gottes, Brüder des fleischgewordenen Wortes, von dem es heißt: *In Ihm war das Leben, und das Leben war das Licht der Menschen* (*Joh* 1,4). Wir sind Kinder des Lichtes, Brüder des Lichtes.«[26]

Wir sind Brüder und Schwestern des fleischgewordenen Wortes, Christi unseres Herrn; nicht nur, weil er an unserer Menschheit teilhaben wollte, sondern viel mehr, weil wir durch ein unaussprechliches Geschenk Gottes an seiner *Sohnschaft*, an Ihm selbst teilhaben.

Hier kommt der Verstand an seine Grenzen, denn *als Glaubende gehen wir unseren Weg, nicht als Schauende*[27]. In diesen Tiefen des Geheimnisses muß die Theologie aus den theologischen Tugenden leben, aus der Kontemplation. Sie kann aber, erleuchtet durch den Glauben und die Kontemplation, durch Analogie aus dem Bereich der natürlichen Erkenntnis, diesem tiefen Geheimnis ein Stück näherkommen.

Teilhabe an der Sohnschaft des Eingeborenen, des Einzigen Sohnes des Vaters, das will sagen, daß wir *partiell*, begrenzt besitzen, was in Ihm total und unbegrenzt vorhanden ist, so daß unsere Teilhabe diese Einheit und Totalität weder vermehrt noch mindert. Wir haben es mit einem Geschenk Gottes an uns zu tun, in analoger Weise freilich – das heißt ähnlich und unähnlich zugleich – zum Geschenk unseres Geschaffenseins. Gott ist; Er ist das Sein in intensivster Totalität und Einzigkeit. Wir *sind* durch

26 Ders. *Christus begegnen*, Nr. 66.
27 *2 Kor* 5,7.

Teilhabe; wir haben Sein, aber wir sind nicht das Sein. Und die Vielfalt der Geschöpfe vervielfacht nicht die Einheit und Totalität der Fülle des göttlichen Seins, noch mindert sie sie. Diese Wirklichkeit der Schöpfung – wir erkennen es durch den Verstand, und der Glaube stärkt uns darin – verleiht allem eine innige göttliche Präsenz, ein Sein in Gott: *in ipso enim vivimus, et movemur et sumus*[28], in ihm leben wir, bewegen wir uns und sind wir. Analog enthüllt uns unser Kind-Gottes-Sein im strikten, aber partiellen Sinn – als Teilhabe an der Sohnschaft des Wortes –, daß wir *Kinder Gottes im Sohn* sind. Ohne aufzuhören, der Eingeborene zu sein, ist er der Erstgeborene unter vielen Brüdern, da Gott alle, die er im voraus erkannt hat, auch dazu bestimmt hat, an Wesen und Gestalt seines Sohnes teilzuhaben, damit dieser der Erstgeborene von vielen Brüdern sei: *quos praescivit, et praedestinavit conformes fieri imaginis Filii sui, ut sit ipse primogenitus in multis fratribus*[29].

So betrachtet, dürfen wir gleichzeitig nicht vergessen: »An welche der drei Personen wir uns auch richten, wir richten uns immer nur an den einen Gott; und indem wir uns an alle Drei in der Dreieinigkeit richten, richten wir uns in gleicher Weise an den einzigen und wahren Gott.«[30] Dieses Geheimnis unseres Kind-Gottes-Seins erhellt sich noch weiter,

28 *Apg* 17,28.
29 *Röm* 8,29. Umfassender sind die angesprochenen Punkte dargestellt in meiner theologischen Studie: *Hijos de Dios en Cristo. Introducción a una teología de la participación sobrenatural*, Pamplona 1972.
30 Josemaría Escrivá, *Christus begegnen*, Nr. 91.

wenn wir diese grundlegende christliche Wirklichkeit betrachten: der Christ steht nicht nur in der Nachfolge Christi, in die er mehr und mehr hineinwachsen soll, nein, auf geheimnisvolle, aber reale Weise ist er Christus, *ipse Christus*, Christus selbst.

3. Kinder Gottes in Christus: »ipse Christus« sein

Ich aber bin als König von Ihm über Sion gesetzt, seinen heiligen Berg, und verkündige sein Gesetz. Der Herr hat zu mir gesagt: Du bist mein Sohn, heute habe ich dich gezeugt (Ps 2,6-7). »Gott, unser Vater, hat uns in seinem Erbarmen seinen Sohn zum König gegeben. Er droht und ist zugleich mild; Er kündigt uns seinen Zorn an und schenkt uns seine Liebe. Mein Sohn bist Du: Er wendet sich an Christus, und Er wendet sich an dich und an mich, wenn wir uns dazu entschließen, alter Christus, ipse Christus zu sein.«[31]

Es gibt nur eine einzige Gotteskindschaft: die des Wortes, des Eingeborenen des Vaters; durch Teilhabe an ihr sind auch wir Kinder Gottes geworden. Das ist ein Geheimnis, das unergründlich ist. Aber Gott hat uns in seiner liebevollen Vorsehung Christus – das fleischgewordene Wort – gegeben als »den Weg, den Mittler; in Ihm besitzen wir alles; ohne Ihn nichts«[32]. Das ganze Innenleben Gottes tut

31 Ebd., Nr. 185.

32 Ebd., Nr. 91. »Das eigentliche Geheimnis, um heilig zu werden, besteht darin, Ihm, dem einzigen, liebenswerten Vorbild, immer ähnlicher zu werden.« (*Im Feuer der Schmiede*, Nr. 752).

sich uns *in* Ihm auf, und ohne Ihn haben wir keinen Anteil an der Kindschaft, weil Er, der Gottmensch Jesus Christus, als Gott selbst diese Kindschaft ist und als Mensch sie in der Einheit der Person vollständig besitzt.

Christus ist der Eingeborene des Vaters, und wir sind Kinder Gottes in dem Maße, in dem wir Christus sind, *ipse Christus*, Christus selbst. Diese Wirklichkeit übersteigt unser Fassungsvermögen. Doch zu wissen, daß »der Christ aufgerufen ist, *alter Christus*, *ipse Christus*, ein anderer Christus, Christus selbst zu sein«[33], wie Escrivá beständig gelehrt hat, gibt dem Leben und unserer Art und Weise, dem göttlichen Wirken zu entsprechen – das allein uns zunehmend in Christus umformen und zu Kindern Gottes machen kann –, eine entscheidende Richtung.

»Christus nachfolgen: darin besteht das Geheimnis. Ihn so sehr aus der Nähe begleiten, daß wir mit Ihm zusammen leben, wie die ersten Zwölf; so nahe, daß wir mit Ihm einswerden. Wenn wir der Gnade keine Hindernisse in den Weg stellen, werden auch

33 Ders. *Christus begegnen*, Nr. 96. Vgl. *Gespräche*, Nr. 58; *Priester auf ewig* (Homilie, gehalten am 13. April 1973), Köln 1973, S. 28.
»Herr, gib, daß ich mich dazu entschließe, durch Buße endlich die elende Maske herunterzureißen, die ich mir selbst aus meinen Erbärmlichkeiten gebildet habe … Dann, und nur dann, werde ich in meinem Leben, auf dem Weg der Beschauung und der Sühne, die Züge Deines Lebens getreu nachzeichnen können. Dann werden wir Dir mehr und mehr ähnlich werden. Wir werden ein anderer Christus, Christus selbst, *ipse Christus*.« (*Der Kreuzweg*, 6. Station).
Die frohmachende Wirklichkeit unserer Gotteskindschaft in Christus findet sich auch in folgenden Worten ausgedrückt: »Sei Jesus aus tiefster Seele dankbar: denn durch Ihn, mit Ihm und in Ihm darfst du dich Kind Gottes nennen.« (*Im Feuer der Schmiede*, Nr. 265).

wir bald sagen können, daß wir unseren Herrn Jesus Christus angezogen haben (vgl. *Röm* 13,14).«[34]

Der Weg, in das innere Leben des Vaters, des Sohnes und des Heiligen Geistes einzutauchen, besteht in der *Christusnachfolge*, und zwar so, daß wir Ihn nicht einfach nur nachahmen, sondern dahin gelangen, mit Ihm *eins zu werden*. Nur so ist unser Herr der Erstgeborene unter vielen Brüdern, ohne aufzuhören, der Eingeborene des Vaters zu sein. Wir sind nicht Kinder des Vaters sozusagen jeder auf eigene Faust, sondern wir sind Kinder des Vaters, weil wir Christus *sind*, ohne gleichzeitig aufzuhören, wir selbst zu sein.

Durch die Gnade und die Gotteskindschaft »ist das Leben Christi unser Leben, getreu der Verheißung an die Apostel beim Letzten Abendmahl: *Wer mich liebt, bewahrt mein Wort; mein Vater wird ihn lieben, und wir werden zu ihm kommen und Wohnung bei ihm nehmen* (*Joh* 14,23). Der Christ muß daher leben gemäß dem Leben Christi, muß fühlen wie Christus, so daß er mit dem heiligen Paulus ausrufen kann: *Non vivo ego, vivit vero in me Christus* (*Gal* 2,20), nicht mehr ich lebe, Christus lebt in mir.«[35]

Ipse Christus sein, *fühlen* wie Christus: das heißt, uns zu bemühen, Jesus *nachzuahmen*, nicht um eine bloß äußerliche Ähnlichkeit zu erlangen, sondern so, daß Er es ist, der in uns lebt, eins mit dem Vater und als Eingeborener Sohn verschieden vom Vater. In

34 Ders. *Freunde Gottes*, Nr. 299.
35 Ders. *Christus begegnen*, Nr. 103.

dieser unserer geistigen Vereinigung mit Ihm, durch die wir an seiner Sohnschaft teilhaben, sind wir *in Ihm* Kinder des Vaters.

Diese Wirklichkeit ist zuerst und wesentlich ein unverdientes Geschenk Gottes, aber sie erfordert unsere Mitwirkung, unsere Entsprechung, indem wir lieben, indem wir seinen Willen und seine Gebote erfüllen.

Das Heilswirken Gottes *geschieht* durch die Heiligste Menschheit Jesu, es fließt zu uns vom Kreuz Christi her. Escrivá: »Am Kreuz teilhaben bedeutet sich mit Christus identifizieren, bedeutet Christus sein und deswegen Kind Gottes sein.«[36] Dem Herrn nachfolgen, um mit Ihm eins zu werden, bedeutet an erster Stelle, am Kreuz teilhaben, das zwar ein Geheimnis ist, aber durch die Sakramente, vor allem durch Taufe, Eucharistie und Buße wirksam wird. Gerade »in der Taufe hat Gott, unser Vater, von unserem Leben Besitz ergriffen, uns dem Leben Christi eingegliedert und uns den Heiligen Geist gesandt«[37]. Und besonders die Eucharistie als Erneuerung des Kreuzesopfers »erfüllt die Kinder Gottes mit neuem Leben aus Gott, und wir müssen darauf *in novitate sensus* (*Röm* 12,2), mit einer Erneuerung unseres ganzen Empfindens und unseres ganzen Tuns antworten. Uns ist eine neue Quelle der Kraft gegeben, eine starke Wurzel, die in Christus eingesenkt ist.«[38]

36 RHF 20119, S. 13; Predigt des Papstes anläßlich der Seligsprechung am 17. Mai 1992, in: *Geh ein in die Freude deines Herrn*, S. 31.
37 Josemaría Escrivá, *Christus begegnen*, Nr. 128.
38 Ebd., Nr. 155.

Christ sein bedeutet also *ipse Christus* sein, ein Kind Gottes sein, und dieses Einswerden erreichen wir durch die heilbringende Kraft des Kreuzes. Man versteht dann, daß die Heilige Messe – die sakramentale Erneuerung des Kreuzesopfers – »Mitte und Wurzel im geistlichen Leben des Christen«[39] ist. Als Kinder Gottes mehr und mehr mit Christus gleichförmig werden setzt voraus, daß wir der Menschheit Christi am Kreuz begegnen. Und zu dieser Begegnung führt, so wollte es Gott, eine andere Wirklichkeit im Leben des Christen: das Beispiel und die Mittlerschaft der Mutter Christi, der Mutter Gottes und unserer Mutter. »Wer sich ihr nähert und ihr Leben betrachtet«, so Escrivá, »dem erweist sie mit Sicherheit den unschätzbaren Dienst, ihn zum Kreuz hinzuführen, ihm das Beispiel des Sohnes Gottes vor Augen zu halten. Und bei dieser Begegnung, in der sich das Leben eines Christen entscheidet, legt Maria Fürbitte für uns ein, damit unser Tun und Lassen in der Versöhnung des jüngeren Bruders – in deiner und meiner Versöhnung – mit dem erstgeborenen Sohn des Vaters vollendet werde.«[40] Es ist eine Versöhnung, die zur Gleichförmigkeit führt.

»Bei diesem Bemühen um die Gleichförmigkeit mit Christus unterscheide ich vier Stufen: Ihn su-

39 Ebd., Nr. 87. »Wenn wir darum ringen, wirklich ›ipse Christus‹, Christus selbst zu sein, dann verweben sich Menschliches und Göttliches in unserem Leben. Und alle unsere Anstrengungen – selbst die ganz unbedeutenden – gewinnen eine Dimension des Ewigen, weil sie sich mit dem Opfer Christi am Kreuz vereinen.« (*Der Kreuzweg*, 10. Station, Nr. 5).
40 Ders. *Christus begegnen*, Nr. 149.

chen, Ihn finden, mit Ihm Umgang haben, Ihn lieben. Vielleicht fühlt ihr euch noch auf der ersten Stufe. Sucht Ihn voller Sehnsucht, sucht Ihn mit ganzer Kraft in euch selbst. Wenn ihr darin hartnäkkig seid, dann, das wage ich euch zu versichern, habt ihr Ihn schon gefunden, dann beginnt ihr schon, Umgang mit Ihm zu haben und Ihn zu lieben und ein Zwiegespräch im Himmel zu führen (vgl. *Phil* 3,20).«[41]

Es ist also – gestützt auf den Glauben: *omnes enim filii Dei estis per fidem, quae est in Christo Iesu*[42] – die *Liebe* zu Christus, die in uns Jesus formt, die uns mit Christus gleichförmig macht. Doch es ist eine Liebe, die Gott selbst uns schenkt: die übernatürliche *caritas*; es ist unsere Teilhabe an der göttlichen Liebe im Heiligen Geist, *quia caritas Dei effusa est in cordibus nostris per Spiritum Sanctum, qui datus est nobis*[43].

Wir sind Kinder Gottes in Christus, im Sohn, und darum Kinder des Vaters, so haben wir gesagt. Dennoch birgt dieses übernatürliche Geheimnis weitere Schätze und Facetten, die uns logischerweise dazu führen, die *Rolle* des Heiligen Geistes bei unserer Annahme durch Gott an Kindesstatt zu betrachten, ist doch die Kindschaft die *uns zukommende Art*, an der unendlichen Fülle des dreifaltigen Lebens teilzuhaben; es ist eine Teilhabe, die wir durch die

41 Ders. *Freunde Gottes*, Nr. 300.
42 *Gal* 3,26: Ihr seid alle durch den Glauben Söhne Gottes in Christus Jesus.
43 *Röm* 5,5: Denn die Liebe Gottes ist ausgegossen in unsere Herzen durch den Heiligen Geist, der uns gegeben ist.

Aussendung des Heiligen Geistes erlangen, durch jene Liebe und Erstlingsgabe, die der Vater und der Sohn uns senden.

4. Kinder Gottes durch den Heiligen Geist

Die erste Frucht, ja die Gabe schlechthin, die uns durch das Kreuz, durch die Auferstehung und die Himmelfahrt Jesu Christi zukommt, ist der Heilige Geist. Deshalb erfahren wir, »wenn wir an der Eucharistie teilnehmen«, schreibt der heilige Cyrill von Jerusalem, »die vergöttlichende Vergeistigung durch den Heiligen Geist, die uns nicht nur mit Christus gleichförmig macht, wie in der Taufe, sondern uns gänzlich verchristlicht, indem sie uns an der Fülle Jesu Christi teilhaben läßt« (*Catecheses*, 22,3).

»Die Ausgießung des Heiligen Geistes, die uns christusförmig macht, führt uns zu der Erkenntnis, daß wir Kinder Gottes sind. Der Tröster, der die Liebe ist, lehrt uns, auf diese Tugend unser ganzes Leben zu gründen; und *consummati in unum* (*Joh* 17,23), einsgeworden mit Christus, können wir unter den Menschen das sein, was nach dem heiligen Augustinus die Eucharistie ist: *Zeichen der Einheit, Band der Liebe* (*In Ioannis Evangelium tractatus*, 26, 13: PL 35, 1613).«[44]

Mit Christus durch die Liebe vereint sein, *verchristlicht* sein bedeutet Kinder des Vaters sein.

44 Josemaría Escrivá, *Christus begegnen*, Nr. 87.

Aber diese Liebe ist eine Folge der Ausgießung des Heiligen Geistes. »In uns wirkend, bestätigt der Tröster, was Christus uns verheißen hatte: daß wir Kinder Gottes sind und nicht *den Geist der Knechtschaft empfangen haben, um uns wieder zu fürchten, sondern den Geist der Kindschaft, in dem wir rufen: Abba, Vater* (*Röm* 8,15).«[45]

Der Heilige Geist *macht uns* zu Kindern Gottes – zu Kindern des Vaters im Sohn –, indem er uns christusförmig macht. Und außerdem *führt uns* der Tröstergeist mehr und mehr in diese Wirklichkeit ein, indem er uns Jesus Christus als Sohn Gottes erkennen läßt und wir uns selbst, mit Ihm gleichför-

45 Ebd., Nr. 118. Der selige Josemaría empfiehlt als Frucht des Umgangs mit der Heiligsten Menschheit des Herrn sich mit der Gottesmutter Maria eifrig an den Tröstergeist zu wenden, um das Leben der geistlichen Kindschaft zu vertiefen: »Begnüge dich nicht damit, zum Heiligen Geist, deinem Beistand, nur zu sprechen. Höre auf Ihn!
Betrachte in deinem Gebet, wie das Leben der geistlichen Kindschaft, das dir die Tiefe deines Daseins als Kind Gottes erschloß, dich mit kindlicher Liebe zum Vater erfüllt hat; betrachte auch, wie du zuvor durch Maria zu Jesus gelangtest, den du jetzt anbetest und dessen Freund, Bruder, Liebender du bist …
Nun hörst du meinen Rat und merkst, daß du bis jetzt die Einwohnung des Heiligen Geistes in deiner Seele wohlbegriffen, dich die Realität dieser Gegenwart aber noch nicht ›ergriffen‹ hatte. Dir fehlte das, was ich dir gerade als Anregung zu geben versuchte: Jetzt empfindest du in dir die Liebe selbst; du suchst den Umgang mit Ihr und wünschst, dem Heiligen Geist Freund und Vertrauter zu sein. Du möchtest es dem, der die Liebe ist, leichter machen, in dir manches abzuschleifen, auszureißen, zu entzünden.
Dann wieder der Gedanke: Aber ich kann das nicht! – Du kannst, ich sage es noch einmal, wenn du auf Ihn hörst. Er wird dir Kraft geben! Er wird alles in dir wirken, wenn du nur willst …, und du willst doch!
Bete zu Ihm: Du göttlicher Gast meiner Seele, Du Lehrer, Licht, Lenker, Liebe: Gib, daß ich lerne, Dich freudig aufzunehmen, auf Deine Unterweisung zu hören, mich durch sie entflammen zu lassen, Dich zu lieben.« (*Im Feuer der Schmiede*, Nr. 430).

mig geworden, als Kinder erkennen und nicht als Fremdlinge. Der Paraklet selbst bestätigt und festigt uns in dieser freudigen Gewißheit durch die Gabe der Frömmigkeit.[46]

Aber wenn wir bejahen müssen, daß »der Heilige Geist der Geist ist, den Christus sandte, auf daß Er in uns das Heil wirke, das uns Christus auf Erden verdient hat«[47], wissen wir zugleich, daß alles göttliche Handeln in uns – weil es *ad extra* geschieht – den drei göttlichen Personen gemeinsam zukommt, diesem »einen und dreipersönlichen Gott, den drei göttlichen Personen, in der Einheit ihrer Wesenheit, ihrer Liebe, ihres wirksamen heiligmachenden Tuns«[48].

Folglich ist es, wenn wir das Geheimnis vom Standpunkt der Wirkursache aus betrachten, ohne Zweifel der *ganze Gott* – Vater, Sohn und Heiliger Geist –, der uns zu Kindern Gottes macht. Wir können aber auch einer der göttlichen Personen dieses Wirken zuschreiben bzw. *zueignen*, wie man beispielsweise dem Vater die Schöpfung zuschreibt. Konkret heißt das: »die Heiligung, die wir erflehen, wird dem Tröster zugeschrieben, den uns der Vater und der Sohn senden«[49].

Mit diesen Worten sagt Escrivá, daß dieses Zueignen oder Zuschreiben der Wirkung uns erlaubt – weil wir begrenzt sind –, eine geheimnisvolle Wirklichkeit auszudrücken: die der *Sendungen* der gött-

46 Vgl. ders. *Freunde Gottes*, Nr. 92.
47 Ders. *Christus begegnen*, Nr. 130.
48 Ebd., Nr. 86.
49 Ebd., Nr. 85.

lichen Personen; wir schreiben die Heiligung dem Tröster zu, den Vater und Sohn *uns senden* …

Außer den *sichtbaren Sendungen* des Sohnes (der Menschwerdung) und des Heiligen Geistes (Pfingsten) kommen die *unsichtbaren Sendungen* des Sohnes und des Heiligen Geistes mit der Gnade in die Seele. Diese unsichtbaren Sendungen sind reale Teilhabe – nicht bloße Zuschreibungen oder Zueignungen – des geistlichen Geschöpfes an den ewigen Hervorgängen des Sohnes und des Heiligen Geistes[50].

Im Licht dieser Wahrheit unserer *Vergöttlichung* – am Sohn und am Heiligen Geist teilzuhaben – können wir durch die unsichtbaren Sendungen den tiefen übernatürlichen Realismus unseres *Ipse-Christus*-Seins – und deshalb auch Kinder-des-Vaters-Seins – durch den Heiligen Geist betrachten.

Wir können also nachvollziehen, daß der Vater, der Sohn und der Heilige Geist uns in der Einheit ihres Handelns *ad extra* heiligen, uns annehmen als Kinder Gottes. Aber das *Ziel* dieser göttlichen Wirkhandlung besteht gerade in unserer *Vergöttlichung*, unserer wirklichen Hineinnahme in das göttliche Leben, unserer Vereinigung mit dem Heiligen Geist und dem Sohn, die als real verschiedene Personen in unsere Seele *gesandt* werden. Der Heilige Geist, die Liebe, das *Band* zwischen Vater und Sohn, macht uns durch die Liebe mit dem Sohn gleichförmig, macht uns zu *ipse Christus*, und in Christus, im Wort, macht der Heilige Geist uns zu Kindern des Vaters.

50 Vgl. Thomas von Aquin, *Summa Theologiae*, I, q. 43.

Denn »wir sind zu Kindern des einen Vaters geworden, der nicht gezögert hat, seinen vielgeliebten Sohn für uns dahinzugeben«[51].

Welch übernatürliche Sicherheit, zu wissen, daß »durch Christus und im Heiligen Geist der Christ Zugang hat zum inneren Leben des Vaters, und er geht seinen Weg auf der Suche nach jenem Reich, das nicht von dieser Welt ist, das aber in dieser Welt seinen Anfang nimmt und vorbereitet wird«[52].

Kinder also *des* Vaters *durch* den Sohn *im* Heiligen Geist. Oder auch: Kinder *des* Vaters *im* Sohn – indem wir *ipse Christus* sind – *durch* den Heiligen Geist. Beides drückt dasselbe aus: wie unzureichend erweist sich hier die menschliche Sprache!

Durch die Einheit des göttlichen Handelns, das uns als Kinder Gottes annimmt, uns zu *domestici Dei*[53] macht, können und sollen wir uns zugleich als Kinder der Dreifaltigkeit betrachten: als Kinder des Vaters, des Sohnes und des Heiligen Geistes. So ermuntert uns Escrivá, mit Jesus Christus, unserem Bruder, als seine Kinder Umgang zu haben[54]. Denn in seiner Menschheit ist er der Mittler, sein menschliches Herz – *perfectus Deus, perfectus homo* – erlangt uns die Ausgießung der subsistierenden Liebe (des Heiligen Geistes), die uns zum *alter Christus*, zu *ipse Christus* werden läßt.

51 Josemaría Escrivá, *Freunde Gottes*, Nr. 228.

52 Ders. *Christus begegnen*, Nr. 116. Vgl. *Das übernatürliche Ziel der Kirche* (Homilie, gehalten am 28. Mai 1972), Köln 1974, S. 25.

53 *Eph* 2,19.

54 Vgl. Josemaría Escrivá, *Christus begegnen*, Nr. 165; *Freunde Gottes*, Nr. 265.

Wir dürfen nicht fälschlicherweise die scheinbar paradoxen Aspekte einfach ignorieren; scheint doch nun einmal in ihnen, weil wir begrenzt sind, das Geheimnis des Übernatürlichen in seiner tiefsten und lichtvollsten Wirklichkeit auf: das Geheimnis unserer Gotteskindschaft.

»Es ist nicht möglich, über diese zentralen Geheimnisse unseres Glaubens zu sprechen, ohne gleichzeitig die Begrenztheit unseres Verstandes und den Reichtum der Offenbarung gewahr zu werden. Aber fest und demütig glauben wir diese Wahrheiten«, so Escrivá, »auch wenn sie für die staunende Vernunft unfaßbar sind: Gestützt auf das Zeugnis Christi wissen wir, daß es so ist; daß die Liebe im Schoß der Dreifaltigkeit sich ausgießt über alle Menschen durch die Liebe des Herzens Jesu.«[55]

5. Kinder Gottes, Kinder Marias (und des heiligen Josef)

»Ein großes Zeichen erschien am Himmel: Eine Frau mit einer Krone von zwölf Sternen auf ihrem Haupt, umkleidet mit der Sonne, der Mond zu ihren Füßen (*Offb* 12,1). Maria, die Jungfrau ohne Makel, hat den Sündenfall Evas wiedergutgemacht: sie hat mit ihrem unbefleckten Fuß der Höllenschlange den Kopf zertreten. Tochter Gottes, Mutter Gottes, Braut Gottes!«[56]

55 Ders. *Christus begegnen*, Nr. 169.
56 Ders. *Der Rosenkranz*, »Die Krönung Mariens«.

Es würde genügen, die Rolle der Gottesmutter im Erlösungswerk und ihre einzigartige *Vergöttlichung* zu betrachten, um zu lernen, wie wir dem Wirken Gottes entsprechen können, das auch aus uns *domestici Dei*, Hausgenossen des Vaters, des Sohnes und des Heiligen Geistes macht.

Doch Escrivá geht noch weiter: »Unsere Liebe Frau, die heilige Maria, wird erreichen, daß du *alter Christus, ipse Christus* wirst, ein zweiter Christus, Christus selbst.«[57] Die Gottesmutter erwirkt uns, daß wir zu Kindern Gottes werden, indem wir *ipse Christus* werden. Maria ist demnach wahrhaftig *unsere Mutter*, insofern wir Kinder Gottes, Brüder und Schwestern Christi sind: Unsere Gotteskindschaft bedeutet zugleich, daß wir Kinder der Gottesmutter sind, weil Gott es so wollte: »Christus, ihr göttlicher Sohn, unser Bruder, hat sie uns auf Golgotha zur Mutter gegeben, als Er zu Johannes sagte: *Siehe da, deine Mutter* (*Joh* 19,27)«[58], so daß »Maria nicht nur bei der Menschwerdung des Wortes eine erstrangige Rolle gespielt hat, sondern daß sie ganz ähnlich auch bei den Anfängen der Kirche, die ja der Leib Christi ist, zugegen war«[59].

Gott ist der einzige Urheber der Gnade und unserer übernatürlichen Annahme (Adoption), aber er wollte, daß alle Gnaden durch Maria zu uns gelangen. Von ihr – als Mittlerin innig geeint mit ihrem Sohn, dem einzigen Mittler – empfangen wir das Geschenk der Gotteskindschaft; wir werden von ihr

57 Ders. *Christus begegnen*, Nr. 11.
58 Ebd., Nr. 171.
59 Ebd., Nr. 141.

auf mystische Weise wahrhaft als Kinder Gottes geboren. Kind Gottes sein heißt *ipse Christus* sein; *ipse Christus* sein heißt Kind Marias sein.

Aber »es genügt nicht zu wissen, daß sie Mutter ist; es genügt auch nicht, sie nur als solche zu betrachten und in diesem Sinne von ihr zu sprechen. Sie ist deine Mutter, du bist ihr Sohn. Sie liebt dich, als ob du ihr einziger Sohn auf dieser Welt wärest. Dein Umgang mit ihr darf davon ausgehen; erzähle ihr alles, was dich bewegt, verehre sie, liebe sie. Keiner kann es für dich tun, wenn du es nicht tust, und keiner kann es besser für dich tun als du selbst.

Ich versichere dir, daß du auf diesem Wege sofort die ganze Liebe Jesu Christi finden wirst. Du wirst dann erfahren, daß du in der unergründlichen Lebensfülle Gottes des Vaters, Gottes des Sohnes und Gottcs des Heiligen Geistes verweilst.«[60]

Und neben Maria steht, so wollte es Gott, der heilige Josef, denn »das innere Leben ist nichts anderes als der stete, persönliche Umgang mit Christus, um mit Ihm eins zu werden. Josef wird uns so vieles über Jesus sagen können. Vernachlässigt also«, rät uns Escrivá, »niemals seine Verehrung, *ite ad Ioseph*, geht zu Josef, wie die christliche Überlieferung mit einem Wort des Alten Testamentes sagt (*Gen* 41,55).«[61]

Wegen seiner besonderen Fürsprache ist der heilige Josef, der für Jesus ein zweiter Vater war, auch für alle diejenigen ein Vater, die mit Christus eins

60 Ders. *Freunde Gottes*, Nr. 293.
61 Ders. *Christus begegnen*, Nr. 56.

werden wollen, für alle Kinder Gottes. »Der heilige Josef ist wirklich unser Vater und Herr. Jene, die ihn verehren, beschützt und begleitet er auf ihrem irdischen Weg, so wie er den zum Mann heranwachsenden Jesus beschützt und begleitet hat. Im Umgang mit diesem heiligen Patriarchen entdecken wir außerdem, daß er auch ein Lehrmeister des inneren Lebens ist: Er lehrt uns, Jesus kennenzulernen, mit Ihm zusammen zu leben und uns als Teil der Familie Gottes zu betrachten.«[62]

Der kindliche Umgang mit Maria und Josef führt uns zu Jesus, führt uns dazu, sein Leben zu leben, mit Ihm eins zu werden. Und in Jesus, dem Eingeborenen Sohn des Vaters, erhalten wir Zugang zum Innenleben des dreifaltigen Gottes. Diesen Weg faßte Escrivá in der kurzen Formel zusammen: »Von der ›Dreifaltigkeit‹ der Erde zur Dreifaltigkeit des Himmels«. »Die Jahre unseres Lebens werden so in der Gegenwart des Vaters verlaufen, Tag für Tag, mit Arbeit und Gebet. Wenn wir nachlassen, wenden wir uns hin zur Liebe der Gottesmutter, der Lehrmeisterin des Gebetes; und wir gehen auch zum heiligen Josef, unserem Vater und Herrn, den wir alle so sehr verehren; ist er es doch, der den innigsten Umgang mit Maria gehabt hat und nach Maria ihrem göttlichen Sohn am nächsten war. Sie werden unsere Schwachheit vor Jesus bringen, und Er wird sie in Stärke verwandeln.«[63]

62 Ebd., Nr. 39. Vgl. *Der Weg*, Nr. 559.
63 Ders. *Freunde Gottes*, Nr. 255.

6. Kinder Gottes, Kinder der Kirche und des Papstes

»Der heilige Cyprian erklärt prägnant: *Wer Gott nicht zum Vater hat, kann die Kirche nicht zur Mutter haben* (*De catholicae Ecclesiae unitate*, 6: PL 4, 502).«[64]

In der Tat bekennen wir die Kirche als die *Heilige Mutter Kirche.* »Du bist heilig, Kirche, meine Mutter«, rief Escrivá aus, »denn der Heilige, der Sohn Gottes, hat dich gestiftet; du bist heilig, denn der Vater, der Quell aller Heiligkeit, hat es so gewollt; du bist heilig, denn der Heilige Geist steht dir bei, der in der Seele der Gläubigen weilt, um die Kinder des Vaters zusammenzuführen, die in der Kirche des Himmels, im ewigen Jerusalem, wohnen werden.«[65]

Aus dieser Heiligkeit ergibt sich die Mütterlichkeit der Kirche für alle Christen. Aus ihr und in ihr werden wir durch die Taufe zum Leben der Gnade geboren, und unser übernatürliches Leben wächst stets *in Ecclesia.* Wir werden als Kinder Gottes *ex Deo* geboren, aber auch *ex Ecclesia.* Also sind wir Kinder Gottes, insofern wir Kinder der Kirche sind und umgekehrt: ein Sachverhalt setzt den anderen voraus und bringt ihn mit sich. Die Mütterlichkeit der Kirche ist in gewisser Weise ein Ausdruck, eine Bekundung der Vaterschaft Gottes gegenüber seinen Adoptivkindern.

64 Ders. *Das übernatürliche Ziel der Kirche*, S. 21.
65 Ders. *Loyal zur Kirche* (Homilie, gehalten am 4. Juni 1972), in: *Antworten*, Heft 7, Wien 1991, S. 13.

Diese unsere Kindschaft gegenüber der Kirche findet – nach Gottes Willen – eine *Fortsetzung* bzw. Äußerung in der Kindschaft der Christen dem Heiligen Vater gegenüber. »Der heilige Ambrosius hat Worte geschrieben, die wie ein Jubelgesang klingen: *Wo Petrus ist, dort ist die Kirche; und wo die Kirche ist, da herrscht nicht der Tod, sondern das ewige Leben* (*In XII Ps. Enarratio*, 40, 30). Denn dort, wo Petrus und die Kirche sind, dort ist Christus – und Er ist das Heil, der einzige Weg.«[66] Wir können und dürfen also feststellen, daß der Bischof von Rom wirklich »Vater und Lehrmeister aller Christen«[67] ist.

7. Kinder Gottes, Brüder aller Menschen

»Seit aber die Erlösung vollbracht ist, *gilt nicht mehr Jude oder Heide, nicht mehr Knecht oder Freier, nicht mehr Mann oder Frau* – es gibt nicht die geringste Unterscheidung –, *ihr seid alle eins in Christus Jesus* (*Gal* 3,28).«[68]

In der gemeinsamen Abstammung vieler von ein und demselben Vater gründet notwendigerweise eine entsprechende Brüderlichkeit. Wenn wir Kinder Gottes sind, sind wir Brüder und Schwestern untereinander; und aus der Kindschaft folgt die Brüderlichkeit; »sie ist dann weder ein Schlagwort noch eine Utopie«[69].

66 Ebd., S. 16.
67 Vgl. ebd., S. 18.
68 Ders. *Christus begegnen*, Nr. 38.
69 Ders. *Freunde Gottes*, Nr. 233.

Unser Kind-Gottes-Sein *in Christus* verleiht der christlichen Brüderlichkeit einige unverwechselbare übernatürliche Züge. Diese Brüderlichkeit ist *Einheit: alle sind wir eins in Christus.* Im Licht des Geheimnisses, *ipse Christus* zu sein, im Licht der Wirklichkeit der Gemeinschaft der Heiligen und des Mystischen Leibes erweist sich die Brüderlichkeit unter Christen nicht als Horizontale, sondern als *Vertikale* in Christus. Als wahre Brüder aller Christen sind wir viel enger und stärker untereinander verbunden als durch jene Brüderlichkeit, die lediglich aus dem Besitz ein und derselben spezifischen Natur herrührt; sie überragt diese generische universal-menschliche Brüderlichkeit unvergleichlich. In gewisser Weise – wenn man es mystisch, aber dennoch real, in einem metaphysischen Sinn, betrachtet – sind wir Christen nicht viele Brüder untereinander, sondern *ein einziger: ipse Christus.*

Und so wie die Liebe, die *caritas*, die der Heilige Geist in unsere Seele ausgießt, uns zu *ipse Christus* macht, so ist »das auszeichnende Merkmal der Apostel und der echten Christen aller Zeiten, wie wir bereits vernommen haben, dies: *Daran* – gerade daran – *werden alle erkennen, daß ihr meine Jünger seid, wenn ihr einander liebt* (*Joh* 13,35).«[70]

Diese Brüderlichkeit – vereint in Christus und in der Liebe – kann sich im gewöhnlichen Leben auf das Mannigfaltigste ausdrücken. Aber ihre Wurzel ist allein die Gotteskindschaft. »In deinem Denken sollen die anderen – vor allem aber diejenigen in

70 Ebd., Nr. 224

deiner unmittelbaren Nähe – das sein, was sie wirklich sind: Kinder Gottes, ausgestattet mit aller Würde, welche dieser erhabene Titel verleiht.

Den Kindern Gottes gegenüber müssen wir uns als Kinder Gottes verhalten; mit einer opferbereiten Liebe, die sich täglich in unzähligen kleinen Beweisen der Verständnisbereitschaft, des stillen Opfers, der unbemerkten Hingabe niederschlägt. Dies ist der *bonus odor Christi*, der diejenigen, die unter unseren ersten Glaubensbrüdern lebten, zu der Bemerkung veranlaßte: ›Seht, wie sie einander lieben!‹ (*Tertullian, Apologeticus*, 39: PL 1, 471).«[71]

Den Kindern Gottes gegenüber müssen wir uns als Kinder Gottes verhalten: hier gibt uns Escrivá eine beeindruckende Zusammenfassung der Forderungen der Bruderliebe, die auf der Gotteskindschaft gründet. Ihr übernatürlicher Charakter verleiht der Brüderlichkeit unter Christen ein Profil, das von Hochachtung geprägt ist, das weder kalt noch offiziös, sondern feinfühlig ist: getragen von Liebe und Rücksichtnahme gegenüber anderen, Ausdruck der Hochachtung gegenüber dem Bild Christi, *Christus selbst*, das in ihnen durchschimmert. Wir verstehen so den tiefen väterlichen Rat: »Du, auserwählter Sohn Gottes, sollst die Brüderlichkeit fühlen und leben, aber frei von Vertraulichkeiten.«[72]

Aber nicht nur denen gegenüber, die in der Gnade Gottes leben, sondern *allen Menschen gegenüber* muß diese Brüderlichkeit gelten, weil alle in

71 Ders. *Christus begegnen*, Nr. 36.
72 Ders. *Der Weg*, Nr. 948.

gewisser Weise – als seine Geschöpfe – Kinder Gottes sind, berufen zum Leben im Hause des Vaters. »Da wir alle Menschen und Kinder Gottes sind, dürfen wir unser Leben nicht bloß als das fleißige Arbeiten an einem brillanten Curriculum, einer glänzenden Karriere betrachten. Wir müssen uns alle solidarisch fühlen«[73]. Und umgekehrt »soll uns der Hunger nach Gerechtigkeit zum Ursprung der Eintracht unter den Menschen führen: zur Gotteskindschaft, die uns zu Brüdern macht«[74].

Jenseits aller Unterschiede sollen wir Christen uns immer im klaren darüber sein, daß »der Herr kam, um allen Menschen den Frieden, die Frohbotschaft und das Leben zu bringen. Nicht allein den Reichen und nicht allein den Armen. Nicht nur den Gelehrten und nicht nur den Einfältigen, nein, allen. Allen Brüdern, denn wir sind Brüder als Kinder desselben Vaters, als Kinder Gottes. Es gibt nurmehr ein Volk: das Volk der Kinder Gottes. Es gibt nur noch eine Hautfarbe: die Hautfarbe der Kinder Gottes. Und es gibt nur noch eine Sprache: eine Sprache, die zum Herzen und zum Verstand spricht, ohne Worte, aber so, daß sie uns Gott erkennen läßt und uns anhält, einander zu lieben.«[75]

8. Der »wirkliche Feind«

Kinder Gottes; Kinder Mariens und des heiligen Jo-

73 Ders. *Freunde Gottes*, Nr. 76.
74 Ders. *Christus begegnen*, Nr. 157.
75 Ebd., Nr. 106.

sef; Kinder der Kirche und des Papstes; Brüder aller Christen; Brüder aller Menschen ... Das christliche Leben muß sich in einer klar umschriebenen *Atmosphäre* der Kindschaft und der Brüderlichkeit entfalten. Der Glaube soll bewirken, daß wir uns immer *zu Hause* fühlen, auch wenn das menschliche Miteinander oft leider weit davon entfernt ist, von der Liebe Christi durchpulst zu sein.

Die Vaterschaft Gottes – *nach dessen Namen jedes Geschlecht im Himmel und auf der Erde benannt wird*[76] – erweist sich und scheint auf in der Mutterschaft Mariens und der Kirche, in der Vaterschaft des Papstes und all derjenigen, die auf die ein oder andere Weise mit Paulus sagen können: *in Christo Iesu per Evangelium vos genui*[77], denn in Christus Jesus bin ich durch das Evangelium euer Vater geworden. Nicht ohne Bewegung steht mir in diesem Augenblick die überaus fruchtbare Vaterschaft Escrivás vor Augen, auf den sich jene Worte, die den Patriarchen im Alten Testament galten, anwenden lassen: *genuit filios et filias*[78], er zeugte Söhne und Töchter.

Das menschliche Leben in all seinen Dimensionen, ob nun individueller oder sozialer Natur, wächst und entfaltet sich auf die ein oder andere Weise im Schoß der Familie. Deshalb »brauchst du« im Grunde »in deinem apostolischen Unternehmen die äußeren Feinde nicht zu fürchten, wäre ihre Macht auch noch so groß. – Der wirkliche Feind ist

76 *Eph* 3,15.
77 *1 Kor* 4,15.
78 *Gen* 5,4ff.

dieser: dein Mangel an ›Kindschaft‹ und dein Mangel an ›Brüderlichkeit‹.«[79]

Damit in der Welt Eintracht und erst recht wirkliche Liebe herrschen, gibt es viele Hindernisse zu überwinden: »Frieden, Wahrheit, Einheit, Gerechtigkeit. Wie schwierig scheint es manchmal, die Hindernisse zu überwinden, die das menschliche Zusammenleben erschweren. Und doch: wir Christen sind dazu berufen, dieses Wunder der Brüderlichkeit zu verwirklichen, mit der Gnade Gottes zu erreichen, daß die Menschen sich christlich begegnen. Einer trage des anderen Last (*Gal* 6,2), ein jeder lebe das Gebot der Liebe, die das Band der Vollkommenheit und die Erfüllung des Gesetzes ist (vgl. *Kol* 3,14 und *Röm* 13,10).«[80]

79 Ders. *Der Weg*, Nr. 955.
80 Ders. *Christus begegnen*, Nr. 157.

II. Als Kinder Gottes handeln

1. Kinder Gottes in allem

Die Gotteskindschaft ist nicht nur einer unter anderen Aspekten unseres Christseins, sie umfaßt in gewisser Weise alle anderen. Sie ist eine Grundstimmung, eine grundbestimmende Seinsweise: eine konkrete Beziehung, die sich von den anderen übernatürlichen Bestimmungen – der heiligmachenden Gnade, den Tugenden, den Gaben des Heiligen Geistes – seinsmäßig unterscheidet. Denken wir an den Heilsratschluß Gottes, so können wir feststellen, daß uns all diese Bestimmungen und Gaben geschenkt wurden, um uns zu Kindern Gottes zu machen: die übernatürliche Erhebung ist, in ihrer Ganzheit genommen, *Annahme* (*Adoption*).

Wenn wir daher das *Kind-Gottes-Sein* als wesenhaft für die *neue Kreatur* betrachten, so läßt sich als Synthese christlichen Handelns *das Handeln der Kinder Gottes* bezeichnen; und das bis zu dem Punkt, wo sich der göttliche Wille für jeden Menschen folgendermaßen darstellt: »Der Herr bittet euch um nichts anderes, als daß ihr in jedem Augenblick als seine Kinder und Diener handelt.«[81]

Die Gotteskindschaft ist keine eigene Tugend mit ihren spezifischen Akten, sondern die bleibende Beschaffenheit des Trägers der Tugenden. Nicht, indem man einige bestimmte Handlungen verrichtet, handelt man als Kind Gottes: unser ganzes Tun, die

81 Ebd., Nr. 60.

Praxis aller Tugenden kann und soll *Ausübung* der Gotteskindschaft sein. Wir sind also »nicht nur zeitweise Kinder Gottes, wenngleich es Zeiten gibt, die wir besonders diesem Gedanken widmen, um uns von dem Bewußtsein unserer Gotteskindschaft, die das Mark unserer Frömmigkeit ist, durchdringen zu lassen«[82].

Die Frömmigkeit ist eine Tugend, die den Kindern eigen ist; sie wird übernatürlich vervollkommnet durch die entsprechende Gabe des Heiligen Geistes, die uns hilft, uns als Kinder Gottes zu erkennen und *in jedem Augenblick* entsprechend zu handeln. Deshalb »ist die Frömmigkeit, die aus der Gotteskindschaft stammt, eine zutiefst in der Seele verwurzelte Haltung, die schließlich das ganze Dasein eines Menschen erfaßt; sie ist gegenwärtig in jedem Gedanken, in jedem Wunsch, in jeder Gemütsregung«[83]. Sie ist nicht bloß einfach eine auf Gott ausgerichtete Beziehung, sondern die Gewißheit, daß wir uns hier und jetzt vergöttlichen, daß wir durch den Heiligen Geist in Christus leben und so in der Gegenwart und Einheit mit dem Vater.[84]

Also »kann und muß das weite Feld unserer

82 Ders. *Gespräche*, Nr. 102. – »Fromm zu leben heißt, die Tugenden üben zu lernen, die für die Existenz eines Kindes Gottes, eines Christen, grundlegend sind. – Neben diesen Grundtugenden wirst du dir auch eine Vielzahl von menschlichen Werten aneignen, die man für weniger wichtig halten könnte, die jedoch sehr wichtig sind: kleine, funkelnde Edelsteine, die wir auf unserem Weg sammeln, um sie – im Dienst an unseren Mitmenschen – vor Gottes Thron zu bringen: Einfachheit, Freude, Loyalität, Frieden, kleine Verzichte, unauffällige Dienste, treue Pflichterfüllung, Freundlichkeit ...« (*Im Feuer der Schmiede*, Nr. 86).
83 Ders. *Freunde Gottes*, Nr. 146.
84 Vgl. ders. *Der Weg*, Nr. 267.

christlichen Berufung, diese Einheit des Lebens, deren Nerv die Gegenwart Gottes, unseres Vaters, ist, eine tägliche Wirklichkeit sein«[85].

So kann man sagen, daß unser *Handeln als Kinder Gottes unser Handeln* in seiner ganzen Breite ist. Indem sie die ganze christliche Existenz durchformt, prägt die Gotteskindschaft, wie bereits gesagt, zutiefst alle Aspekte und die Übung aller Tugenden eines christlichen Lebens, und sie wird auch, mit der Gnade Gottes, unser Wohnen in der himmlischen Stadt prägen. Folglich ist unser Glaube der Glaube der Kinder Gottes; unsere Freude die Freude der Kinder Gottes; unsere Stärke die Stärke der Kinder Gottes ...

Bei der gebotenen Kürze ist es unmöglich, den radikalen und konkreten Einfluß der Gotteskindschaft auf alle Aspekte und Tugenden des christlichen Lebens genauer zu betrachten. Nur einige Facetten sollen hier beleuchtet werden, die – wie die Gotteskindschaft – das gesamte christliche Leben kennzeichnen und unmittelbar daraus folgen, daß wir Kinder Gottes und Brüder aller Menschen sind.

2. Die Freiheit der Kinder Gottes

Das menschliche Handeln ist, gestützt auf den Vernunftgebrauch, wesentlich von der Freiheit bestimmt. Im (freien) menschlichen Handeln bestimmt sich selbst der Wille des Menschen (die göttliche

85 Ders. *Christus begegnen*, Nr. 11.

Wirkursache der Erhaltung im Sein natürlich vorausgesetzt), so daß die Person jenseits irgendeiner Bedingung handelt, *weil sie es so will.*

Diese große natürliche Gabe, die Gott den geistbegabten Geschöpfen verliehen hat, macht uns für unsere Handlungen verantwortlich; sie erlaubt uns, zu wählen und das Gute zu lieben. Aber es handelt sich nicht um eine absolute Freiheit. Während Gottes freies Wollen das Gute vollbringt – er ist Schöpfer –, *soll* unser Wollen sich auf das Gute, das von unserem Wollen unabhängig ist, richten. Von daher die Möglichkeit zu sündigen, die Freiheit zu mißbrauchen. Eine absolute Freiheit der Geschöpfe ist nicht möglich: das freie Geschöpf kann, solange es nicht in der endgültigen Anschauung Gottes, in der Gnade fest gegründet ist, seine Freiheit stets auch mißbrauchen. Gleichwohl wollte Gott in seiner unendlichen Güte, so wie er einige seiner Geschöpfe als Kinder Gottes an seinem Innenleben teilhaben läßt, auch »das Risiko unserer Freiheit eingehen«[86].

Zu wissen, daß »Gott keine Sklaven will, sondern Kinder, und Er so unsere Freiheit respektiert«[87], soll uns dazu führen, uns und Ihn zu fragen: »Was erwartest Du von mir, Herr, damit ich es in Freiheit erfülle?

Christus selbst antwortet uns: *Veritas liberabit vos* (*Joh* 8,32), die Wahrheit wird euch frei machen. Welche Freiheit ist das, die einem ganzen Leben den Weg der Freiheit eröffnet und vollendet? Mit der

86 Ebd., Nr. 113.
87 Ebd., Nr. 129.

Freude und Gewißheit, die aus der Verbindung zwischen Gott und seinen Geschöpfen hervorgehen, will ich sie euch nennen: zu wissen, daß wir aus Gott stammen, daß wir von der Allerheiligsten Dreifaltigkeit geliebt werden, daß wir Kinder des erhabensten Vaters sind. Ich bitte unseren Herrn darum«, so Escrivá weiter, »wir möchten dessen ganz und gar innewerden, es Tag für Tag auskosten: dann werden wir als freie Menschen handeln. Und vergeßt nicht: Wer sich nicht als Sohn Gottes weiß, kennt nicht die innerste Wahrheit seines Seins, und es fehlen ihm in seinem Handeln die Würde und die Überlegenheit jener, die den Herrn über alles lieben.«[88]

Das ist die Wahrheit, die uns frei macht: Wir sind Kinder Gottes. Aber, was ist das für eine Freiheit? Es ist die der menschlichen Natur eigene Freiheit, die geheilt und erhoben ist durch die Gnade, durch die übernatürlichen Tugenden und die Gaben des Heiligen Geistes. Es ist die freie Freiheit, übernatürlich befähigt, das Gute zu tun, frei von jenen Ketten, die durch die Sünde den Willen fesseln und es ihm so erschweren, das natürlich Gute zu tun, das übernatürlich Gute jedoch unmöglich machen. Die Freiheit der Kinder Gottes – die christliche Freiheit – ist demnach Frucht der Liebe Gottes, durch die wir seine Kinder sind, und sie führt uns zu dieser Liebe hin. »Die Freiheit«, lehrt der Vater, »erhält ihren wirklichen Sinn erst dann, wenn sie im Dienst der erlösenden Wahrheit ausgeübt wird, wenn sie aufgeht im Verlangen nach der unendlichen Liebe

88 Ders. *Freunde Gottes*, Nr. 26.

Gottes, die die Fesseln jeder Knechtschaft von uns nimmt. Jeden Tag drängt es mich mehr, diesen unergründlichen Reichtum des Christen: *die herrliche Freiheit der Kinder Gottes* (*Röm* 8,21) laut zu verkünden!«[89]

Die Wahrheit macht uns frei, denn sie erleichtert es uns, uns für das Gute zu entscheiden und es zu lieben, was ja gerade die Freiheit ausmacht. »Sklaverei oder Gotteskindschaft – das ist die Alternative unseres Lebens. Entweder Kinder Gottes oder Sklaven des Stolzes, der Sinnlichkeit, des angsterfüllten Egoismus, in dem sich offenbar so viele Seelen verfangen haben.«[90] Es gibt die menschliche Freiheit nicht pur, so wie es die menschliche Natur nicht pur gibt; es gibt entweder eine Natur im Zustand der Gnade oder eine Natur im Zustand der Sünde; entweder leben wir in der Freiheit der Kinder Gottes oder in der Versklavung durch das eigene Elend.

In allem den Willen Gottes erfüllen wollen, stets das Gute wählen, das ist auch wie eine Fessel, denn der Christ ist auch Knecht Gottes. »Wenn aber Knechtschaft gegen Knechtschaft steht – denn Dienen, ob wir es wollen oder nicht, gehört zur Eigenart des Menschen –, dann gibt es keine bessere Wahl, als sich aus Liebe in die göttliche Knechtschaft zu

89 Ebd., Nr. 27.
90 Ebd., Nr. 38. – »Der Irrtum verdunkelt nicht nur das Erkenntnisvermögen, er spaltet auch den Willen und entzweit die Menschen.
Dagegen gilt: ›Veritas liberabit vos‹ – die Wahrheit wird euch freimachen – nämlich von einem Sektierergeist, der die Nächstenliebe aushöhlt.« (*Im Feuer der Schmiede*, Nr. 842).

geben. In demselben Augenblick, da wir das tun«, erläutert Escrivá, »ändert sich unsere Stellung, und wir werden aus Sklaven zu Freunden und Kindern. Hier liegt der Unterschied: Wir widmen uns allen guten weltlichen Anliegen mit dem gleichen Einsatz und Eifer wie die anderen, aber die Seele ist dabei erfüllt von tiefem Frieden, von Freude und Gelassenheit – auch inmitten der Widerwärtigkeiten; denn nicht das Vergängliche, sondern das Ewig-Bleibende trägt uns: *Wir sind nicht Kinder der Magd, sondern der Freien* (*Gal* 4,31).

Woher kommt diese Freiheit? Von Christus, unserem Herrn. Es ist die Freiheit, mit der Er uns erlöst hat (vgl. *Gal* 4,31). Deshalb lehrt Er: *Wenn euch der Sohn frei macht, werdet ihr wahrhaft frei sein* (*Joh* 8,36). Wir Christen brauchen nicht nach Erklärungen für den wahren Sinn dieses Geschenkes zu suchen, denn die einzige Freiheit, die den Menschen erlöst, ist die von Christus uns erworbene.

Ich pflege gern vom Abenteuer unserer Freiheit zu sprechen, denn genau das ist euer und mein Leben. In Freiheit – als Kinder, ich wiederhole es, nicht als Sklaven – folgen wir dem Weg, den der Herr einem jeden von uns gezeigt hat. Wir gehen ihn froh und gelassen und genießen ihn als Geschenk Gottes.«[91]

Den Willen Gottes erfüllen; den eigenen Verstand der Wahrheit unterstellen und die Freiheit auf das Gute ausrichten – also stets auf Gott hin –, das ist nicht Knechtschaft, das ist Freiheit: eine höchste

91 Ders. *Freunde Gottes*, Nr. 35.

Freiheit, die, scheinbar widersprüchlich, als Gehorsam, Dienst und großmütige Hingabe erscheint. Ein Widersinn, doch nur scheinbar, denn »die Liebe weist den Weg der Wahrheit, der Gerechtigkeit, des Guten. Wenn wir uns dazu entschließen, dem Herrn zu antworten: Meine Freiheit für Dich!, dann sind wir von allen Ketten befreit, die uns an bedeutungslose Dinge gefesselt hielten, an lächerliche Sorgen, an niedrige Ambitionen.«[92]

Da es manchmal schwer ist, sich gemäß dieser Freiheit zu verhalten, sollten wir uns an Maria wenden; »versuchen wir von ihr zu lernen, folgen wir ihrem Beispiel im Gehorsam gegenüber Gott, in dieser unauffälligen Verbindung von Dienen und Herrschen. In Maria ist nichts von jener Haltung der törichten Jungfrauen, die zwar gehorchen, aber ohne zu überlegen. Unsere Liebe Frau hört aufmerksam auf das, was Gott will, erwägt, was sie nicht versteht, fragt, was sie nicht weiß. Dann liefert sie sich ganz dem göttlichen Willen aus: *Siehe, ich bin die Magd des Herrn; mir geschehe nach deinem Wort* (*Lk* 1,38). Seht ihr das Wunderbare? Maria, die Lehrmeisterin unseres Lebens, zeigt uns hier, daß der Gehorsam gegenüber Gott nicht Unterwürfigkeit ist und das Gewissen nicht unterjocht, sondern er bringt uns in unserem Inneren dazu, *die Freiheit der Kinder Gottes* (vgl. *Röm* 8,21) zu entdecken.«[93]

92 Ebd., Nr. 38. – »Sich aus Liebe binden! Wie schön ist das! Als Kinder Gottes verpflichten wir uns aus freien Stücken, unser Leben dem Herrn zu widmen. Wir wollen, daß Er unumschränkt und vollständig in unserem Leben herrscht.« (*Im Feuer der Schmiede*, Nr. 855).
93 Ders. *Christus begegnen*, Nr. 173.

»Ich träume – und mein Traum ist Wirklichkeit geworden«, sagte Escrivá 1963, »von unzähligen Kindern Gottes, die ihr Leben als gewöhnliche Menschen heiligen und teilhaben an den Mühen, Hoffnungen und Anstrengungen ihrer Mitmenschen. Ihnen sei diese göttliche Wahrheit zugerufen: Wenn ihr inmitten der Welt bleibt, dann nicht, weil Gott euch vergessen oder nicht berufen hätte, nein, Er hat euch aufgefordert, in den irdischen Tätigkeiten und Sorgen zu bleiben, und euch kundgetan, daß eure menschliche Berufung, euer Beruf und eure Fähigkeiten, seinen göttlichen Plänen nicht nur nicht zuwiderlaufen, sondern die geheiligte Opfergabe sind, die Christus dem Vater dargebracht hat.«[94]

Alle Kinder Gottes, unabhängig von ihrem Stand in Kirche und Welt, sind dazu berufen, sich zu heiligen, jeden Tag mehr *ipse Christus* zu werden. Sie sollen in den Umständen ihres gewöhnlichen Lebens, in Arbeit und Erholung, in ihren familiären und sozialen Beziehungen erkennen, was *Leben Christi* sein soll: *non vivo ego, vivit vero in me Christus*[95].

Lange Zeit galt die Arbeit als Strafe, als etwas, das versklavt und das geistliche Leben erschwert … Aber sie ist keine Strafe – der Mensch wurde geschaffen, *ut operaretur*[96] –, und es ist auch nicht ein-

94 Ebd., Nr. 20.
95 *Gal* 2,20: Nicht mehr ich lebe, sondern Christus lebt in mir.
96 *Gen* 2,15; vgl. Josemaría Escrivá, *Freunde Gottes*, Nr. 81. – »Die Arbeit ist die ursprüngliche Bestimmung des Menschen und ein Segen Got-

sichtig, warum die Arbeit den Umgang mit Gott erschweren sollte; mehr noch: der Christ kann und soll mit der Gnade Gottes »die Arbeit heiligen, sich durch die Arbeit heiligen, andere durch die Arbeit heiligen«[97], wie Escrivá seit 1928 verkündete. Und Arbeit ist im Grunde jede menschliche Tätigkeit. In der hier gebotenen Kürze können wir nicht weiter darauf eingehen. Wir wollen nur festhalten, daß, weil wir Kinder Gottes sind, die Arbeit uns nicht versklavt, denn »mitten in der Begrenztheit unseres gegenwärtigen Standes, in dem die Sünde noch wirksam ist, kann der Christ mit neuer Klarheit den Reichtum seiner Gotteskindschaft vernehmen, wenn er sich als Freier sieht, der frei in den Dingen seines Vaters arbeitet«[98].

Wenn wir unser Leben realistisch betrachten (mit jenem Realismus, den uns der übernatürliche Glaube gibt), dann wird klar, es gibt nichts, was aus dem göttlichen Heilsplan herausfiele; was auch immer wir tun, wir arbeiten *in eigener Sache*; denn alles stammt von Gott, und wir sind seine Kinder und keine Lohnknechte: *Alles gehört euch; ihr aber gehört Christus, und Christus gehört Gott.*[99]

Diese Freiheit (in eigener Sache zu arbeiten) gibt uns die Kraft, es bei allem großzügigen Einsatz nicht bloß bei der materiellen Entlohnung bewen-

tes. Sie als eine Strafe anzusehen, ist ein beklagenswerter Irrtum. Gott, der beste aller Väter, gab dem Menschen das Paradies zur Wohnstätte, ›ut operaretur‹ – damit er arbeite.« (*Die Spur des Sämanns*, Nr. 482).

97 Ders. *Christus begegnen*, Nr. 45.

98 Ebd., Nr. 138.

99 *1 Kor* 3,22-23.

den zu lassen (notwendig und gerecht für jeden, der von seiner Arbeit leben muß), weil uns der Herr darüber hinaus den wahren Lohn zugesichert hat. »Es ist gut, daß du wie ein Kind Gottes dienst, ohne Entgelt, großmütig … – Aber sorge dich nicht, wenn du manchmal an den Lohn denken mußt.«[100]

Ein Kind Gottes sehnt sich nach diesem Lohn, nämlich nach der endgültigen Vereinigung mit Christus und in Ihm mit dem Vater und dem Heiligen Geist. Doch gerade weil es Kind Gottes ist, sieht es »voller Freude ein, daß es nötig ist, viele Jahre hindurch auf dieser Welt zu arbeiten, denn Jesus hat in ihr wenige Freunde. Wir wollen der Verpflichtung nicht aus dem Wege gehen, so zu leben, daß wir uns im Dienst an Gott und an der Kirche – bis zur letzten Faser unserer Kräfte – verausgaben, und zwar in Freiheit: *in libertatem gloriae filiorum Dei* (*Röm* 8,21), *qua libertate Christus nos liberavit* (*Gal* 4,31), mit der Freiheit der Gotteskinder, die Christus für uns dadurch erkauft hat, daß Er am Holz des Kreuzes gestorben ist.«[101]

Diese Freiheit verbindet sich mit dem Gehorsam – ob bei der Arbeit oder in anderen Bereichen des menschlichen Lebens –, denn beide gründen in der Gotteskindschaft. Wenn wir unseren Aufgaben nachgehen, suchen wir in Freiheit den Willen des Vaters zu erfüllen, so lebt ein Kind Gottes wirklich frei – mit einer inneren Souveränität, die es den Gehorsam ebenso *lieben* läßt wie die notwendigen Bin-

100 Josemaría Escrivá, *Der Weg*, Nr. 669.
101 Ders. *Freunde Gottes*, Nr. 297.

dungen, die ein Leben in der Welt auf die ein oder andere Weise mit sich bringt. Hinter allem wird es stets den Willen Gottes, seines Vaters, der ihm nahe sein will, ausmachen.

»Ich liebe die Freiheit über alles, und gerade deshalb liebe ich so sehr die christliche Tugend des Gehorsams. Wir müssen uns als Kinder Gottes fühlen mit dem freudigen Verlangen, den Willen unseres Vaters zu erfüllen. Alles nach dem Willen Gottes tun, und zwar, weil wir es so wollen: einen übernatürlicheren Grund gibt es nicht.«[102]

Diese Sehnsucht, dieses Verlangen eines guten Kindes Gottes, den göttlichen Willen zu erfüllen, drängt den Christen nicht nur dazu, bestmöglich die eigenen Pflichten zu erfüllen, sondern gleichsam auch die Aufgaben der anderen als persönliche Angelegenheit zu betrachten, denn das sollen sie sein, Angelegenheiten Gottes. Daher folgender Ratschlag: »Wenn du deine Arbeit beendet hast, dann tu die deines Bruders, hilf ihm um Christi willen mit soviel Takt und Natürlichkeit, daß der, dem du hilfst, gar nicht bemerkt, daß du mehr tust, als du von Rechts wegen tun müßtest. Das ist wirklich das feine Verhalten eines Kindes Gottes!«[103]

Damit unser Tun und Arbeiten wirklich einem Kind Gottes gemäß ist und es immer mehr wird, ist es nötig, sie zu Arbeit Christi werden zu lassen – indem wir darin mehr und mehr mit Ihm eins werden. Deshalb: »Auch wenn er ganz mit seiner gewöhnli-

102 Ders. *Christus begegnen*, Nr. 17.
103 Ders. *Der Weg*, Nr. 440.

chen Arbeit beschäftigt ist, mit Aufgaben überhäuft und in dauernder Anspannung wie alle anderen Menschen, muß der Christ zugleich doch ganz in Gott geborgen sein, da er Kind Gottes ist.«[104] Die Arbeit wird so zu Gebet und Apostolat.[105]

4. Das Gebet der Kinder Gottes

Als Kind Gottes soll der Christ beständig in Gott leben, *vergöttlicht* sein. Nicht nur passiv – weil Gott uns durch die Gnade in sein göttliches Leben hineinnimmt –, sondern auch aktiv, denn, mit Verstand und Willen begabt, vermag er, an dem unablässigen Austausch von Erkennen und Lieben, der das Geheimnis des einen und dreifaltigen Gottes ist, teilzuhaben. Unser ganzes Leben soll Gebet sein.

Aber »bedeutet die Empfehlung, beständig die Vereinigung mit Gott zu suchen, nicht, ein derart erhabenes Ideal hinzustellen, daß es für die meisten Christen unerreichbar bleibt? Das Ziel ist wirklich hoch, doch nicht unerreichbar. Der Weg zur Heiligkeit ist ein Weg des Gebetes; und das Gebet muß nach und nach in der Seele Wurzeln schlagen wie ein kleines Samenkorn, das sich später in einen dichtbelaubten Baum verwandelt.«[106]

Wie die Jünger von Christus wissen wollen, von

104 Ders. *Christus begegnen*, Nr. 65.
105 Vgl. ebd., Nr. 49.
106 Ders. *Freunde Gottes*, Nr. 295. – »Gott ist bei dir. Deine Seele im Stande der Gnade ist Wohnung der Allerheiligsten Dreifaltigkeit. Deshalb kannst du und sollst du trotz deiner Armseligkeit in ständiger Zwiesprache mit dem Herrn sein.« (*Im Feuer der Schmiede*, Nr. 261).

wo das Gebet seinen Ausgang nimmt, fragen auch wir jetzt und stoßen auf jene Stelle, »da Jesus sich zum Gebet zurückgezogen hat und die Jünger, die in seiner Nähe sind, Ihn vermutlich beobachten. Nachdem der Herr sein Gebet beendet hat, faßt sich einer ein Herz und bittet ihn: ›*Herr, lehre uns beten, wie auch Johannes seine Jünger beten gelehrt hat.‹ Da sagte Er zu ihnen: ›Wenn ihr betet, so sprecht: Vater, geheiligt werde dein Name‹* (*Lk* 11,1-2)«, schreibt Escrivá.

»Seht, wie überraschend diese Antwort ist. Die Jünger sind ständig mit Jesus zusammen, und der Herr sagt ihnen, mitten in einem Gespräch, wie sie beten sollen. Er offenbart ihnen das große Geheimnis der göttlichen Barmherzigkeit: daß wir Kinder Gottes sind und daß wir uns vertrauensvoll mit Ihm unterhalten dürfen, so wie der Sohn mit seinem Vater spricht.«[107]

So sehr grundiert die Gotteskindschaft das christliche Beten, daß es nichts anderes ist als der Umgang eines Kindes mit seinem Vater; ein Dialog, der gewöhnlich mit mündlichen Gebeten beginnt, um sich später in der Betrachtung *ohne den Lärm*

107 Ders. *Freunde Gottes*, Nr. 145. Vgl. *Gespräche*, Nr. 102. – »Lerne den Vater, den Sohn und den Heiligen Geist zu preisen. Lerne die Allerheiligste Dreifaltigkeit glühend zu verehren: Ich glaube an Gott, den Vater, ich glaube an Gott, den Sohn, ich glaube an Gott, den Heiligen Geist. Ich hoffe auf Gott, den Vater, ich hoffe auf Gott, den Sohn, ich hoffe auf Gott, den Heiligen Geist. Ich liebe Gott, den Vater, ich liebe Gott, den Sohn, ich liebe Gott, den Heiligen Geist. An sie glaube ich, auf sie hoffe ich, sie liebe ich.
Eine solche Verehrung ist unbedingt notwendig als Übung der Seele, die sich umsetzt in Liebesregungen des Herzens – auch wenn diese nicht immer in Worten faßbar werden.« (*Im Feuer der Schmiede*, Nr. 296).

von Worten fortzusetzen. Ein Sprechen mit Gott, das vom ersten Augenblick an vertrauensvoll ist, wenn wir uns als seine Kinder wissen und fühlen[108]; das uns kühn macht, um Gott, der unser Vater und allmächtig ist, mit Bitten zu bestürmen[109]; und das schließlich unser ganzes Leben zum Thema hat, alles, »was unseren Geist und unser Herz beschäftigt: freudige und traurige Erlebnisse, Hoffnungen und Enttäuschungen, Erfolge, Mißerfolge und selbst unbedeutende Alltagserfahrungen. Denn mittlerweile haben wir schon gemerkt, daß unser himmlischer Vater sich für alles interessiert, was uns betrifft.«[110]

Wegen dieser tröstlichen Gewißheit – alles Unsrige interessiert Gott, der wahrhaftig Vater ist – »gleicht unser Umgang mit Gott nicht dem eines Blinden, der sich nach dem Licht sehnt, doch ganz von der Not der Finsternis umfangen wird, sondern dem eines Sohnes, der sich von seinem Vater geliebt weiß«[111]. Trotzdem nimmt man dieses Licht bisweilen (und manchmal sogar gewohnheitsmäßig) kaum wahr, und die Seele tappt im Dunkeln; es scheint dann, Gott sei weit weg. Doch selbst in solchen Situationen wird das Gespür für die Gotteskindschaft die mächtige Wurzel sein, die dafür sorgt, daß der Keim unseres Gebetes, der ja zum üppigen Baum werden soll, nicht erstirbt.

»Ich darf euch ruhig erzählen, daß der Herr mir gelegentlich viele Gnaden gewährt hat; aber für ge-

108 Vgl. ders. *Christus begegnen*, Nr. 64.
109 Vgl. ders. *Der Weg*, Nr. 892, 893, 896.
110 Ders. *Freunde Gottes*, Nr. 245.
111 Ders. *Christus begegnen*, Nr. 142.

wöhnlich gehen mir die Dinge gegen den Strich. Ich arbeite weiter in dem, was ich mir vorgenommen habe, nicht, weil es mir Spaß macht, sondern weil ich es soll, aus Liebe. Aber Vater, so höre ich, kann man denn vor Gott eine Komödie spielen? Ist das nicht Heuchelei? Sei beruhigt: Für dich ist der Augenblick gekommen, ein menschliches Schauspiel vor einem göttlichen Zuschauer aufzuführen. Harre aus, denn der Vater, der Sohn und der Heilige Geist blicken auf dein Spiel herab. Tue alles aus Liebe zu Gott und um Ihm zu gefallen, auch wenn es dir schwerfällt.

Wie herrlich ist es, Spielmann Gottes zu sein! Wie herrlich, in dieser Komödie eine Rolle zu spielen, aus Liebe, mit Opfergeist, ohne Selbstgefälligkeit, nur um Gott, unserem Vater, zu gefallen, der mit uns spielt. Stelle dich vor den Herrn hin und vertraue es Ihm an: Ich habe nicht die geringste Lust, mich mit dem oder dem zu beschäftigen, aber ich will es für Dich tun. Und dann mache dich an diese Arbeit, auch wenn sie dir wie eine Komödie vorkommt. Gepriesen sei diese Komödie! Du kannst sicher sein: das ist keine Heuchelei, denn die Heuchler brauchen für ihre Aufführungen ein Publikum. Bei uns aber sind die Zuschauer dieses Schauspiels – laß es mich wiederholen – der Vater, der Sohn und der Heilige Geist, die Mutter Gottes, der heilige Josef und alle Engel und Heiligen des Himmels.«[112]

Diese starke christliche – kindliche – Haltung in Augenblicken des Dunkels und der Lustlosigkeit

112 Ders. *Freunde Gottes*, Nr. 152.

braucht es auch bei der Arbeit, beim Gebet, bei der Erfüllung unserer Pflichten. Da ist keine Heuchelei im Spiel, denn wir sind Kinder Gottes. Und wenn uns scheint, daß der Herr weit weg ist, so wissen wir doch, daß er *mit uns* spielt … Verstecken spielt!: *ludens in orbe terrarum*[113].

Die Aufrichtigkeit dieses unseres Gebetes in den Momenten der Dunkelheit wie in jeder anderen Situation ist dadurch gewährleistet, daß es das Gebet der Kinder Gottes ist; sie strengen sich an, daß ihr Beten nicht bloßes Wortgeklimper, sondern wirksam ist, ausgerichtet auf die Erfüllung des göttlichen Willens. »Sicher gehe ich nicht fehl, wenn ich sage, daß es unzählig viele Arten des Gebetes gibt. Aber für uns alle wünsche ich das echte Gebet der Kinder Gottes, nicht den Wortschwall der Heuchler, die vom Herrn hören müssen: *Nicht jeder, der zu mir sagt: Herr, Herr!, wird in das Himmelreich eingehen* (*Mt* 7,21). Über die, die heuchlerisch beten, schreibt der heilige Augustinus, zwar gebe es bei ihnen möglicherweise *das Geräusch des Gebetes, nicht aber seine wahre Stimme, denn es fehlt das Leben* (*Enarrationes in Psalmos*, 139, 10: PL 37, 1809) und das Verlangen, den Willen des Vaters wirklich zu tun. Möge unser Ruf: Herr! von dem wirksamen Wunsch beseelt sein, die inneren Eingebungen des Heiligen Geistes in unserer Seele in Taten umzusetzen.«[114]

Von der Gotteskindschaft gespeist, begibt sich christliches Beten – erkennen und lieben wollen –

113 *Spr* 8,31: ich spielte auf seinem Erdenrund; vgl. Josemaría Escrivá, *Freunde Gottes*, Nr. 152.
114 Ebd., Nr. 243.

auf den *Weg* seinshaften *Hineingeführtwerdens* (durch das Angenommensein im Sohn) in das göttliche Leben der Heiligsten Dreifaltigkeit: im Umgang mit der Heiligsten Menschheit Christi, mit Christus am Kreuz, erkennen wir in Ihm den Sohn Gottes, der uns das Tor zum Innenleben der Dreifaltigkeit auftut. So betend, lernt man nicht nur die Vertrautheit kennen, die uns die Gnade schenkt, diese familiäre Vertrautheit mit Gott nimmt auch beständig zu.

»Am Anfang standen einfache, schöne mündliche Gebete, die wir als Kinder gelernt hatten und die wir niemals aufgeben möchten. Jetzt fließt das Gebet, das kindlich naiv begann, wie ein breiter, stiller und sicherer Strom; es folgt den Spuren der Freundschaft mit dem, der sagte: *Ich bin der Weg* (*Joh* 14,6). Wenn wir Christus so lieben, wenn wir uns mit einer heiligen Verwegenheit in die offene Wunde seiner Seite, von der Lanze einst Ihm beigebracht, flüchten, dann wird sich die Verheißung des Meisters erfüllen: *Wenn einer mich liebt, wird er mein Wort bewahren, und mein Vater wird ihn lieben, und wir werden zu ihm kommen und Wohnung bei ihm nehmen* (*Joh* 14,23).

Das Herz kann dann gar nicht mehr anders, als jede einzelne der drei göttlichen Personen zu kennen und anzubeten. Das ist für die Seele wie eine neue Entdeckung im übernatürlichen Leben, so wie ein kleines Kind nach und nach die Welt entdeckt. Die Seele hält liebende Zwiesprache mit dem Vater, dem Sohn und dem Heiligen Geist; sie unterwirft sich gern dem Wirken des lebenspendenden Trösters, der, ganz ohne unser Verdienst, in uns Einzug hält und uns die übernatürlichen Gnadengaben und Tugenden schenkt.

Wie der Hirsch nach den Wasserquellen verlangt (*Ps* 41,2), so sind auch wir herbeigeeilt mit trockenem, ausgedörrtem Mund. Wir wollen aus der Quelle lebendigen Wassers trinken. Und auf die natürlichste Weise verweilen wir den ganzen Tag bei dieser reichen Quelle klaren Wassers, das ins ewige Leben strömt (vgl. *Joh* 4,14). Worte sind überflüssig, weil die Sprache versagt; der Verstand kommt zur Ruhe. Nicht mehr Nachdenken, sondern Anschauen! Und in der Seele hebt von neuem ein Lied an, ein neuer Gesang: denn auch sie fühlt und weiß sich von Gott angeschaut, liebevoll, immerwährend.

Ich denke jetzt nicht an außergewöhnliche Situationen. Vielmehr gehört dies zu den normalen Erfahrungen, die eine Seele sehr wohl machen kann: sie kann von der Torheit der Liebe so ergriffen werden, daß sie, ganz natürlich und ohne Aufhebens, die Lehre von Leiden und Leben erfaßt, denn Gott schenkt dann die Gabe der Weisheit. Welche Ruhe und welcher Frieden dann, wenn wir *den schmalen Weg, der zum Leben führt* (*Mt* 7,14), gehen.

Ist das Askese? Ist es Mystik? Mich kümmert es nicht. Ob Askese oder Mystik: was macht das schon aus! Es ist ein Geschenk Gottes. Wenn du dich um ein betrachtendes Gebet bemühst, wird dir der Herr seinen Beistand nicht versagen. Glaube und Taten aus dem Glauben: Taten, denn die Erwartungen des Herrn an uns steigern sich mit der Zeit – du hast das selbst von Anfang an erfahren, und ich hatte es dir seinerzeit gesagt. Das ist bereits Beschaulichkeit und Vereinigung, und so soll das Leben vieler Christen sein: Jeder schreitet auf seinem eigenen geistlichen Weg voran – es gibt deren sehr viele –, mitten in den Anforderungen der Welt, auch wenn er sich dessen nicht voll bewußt ist.

Unser Gebet und unser Verhalten lenken uns nicht von unseren gewöhnlichen Beschäftigungen ab; inmitten unserer rechtschaffenen irdischen Anliegen führen sie uns zum Herrn. Das menschliche Geschöpf vermag all dies emporzuheben zu Gott und so die Welt zu vergöttlichen.«[115]

5. Das Apostolat der Kinder Gottes

Die Welt vergöttlichen, alle Dinge zu Gott zurückführen als Folge unserer eigenen Vergöttlichung, unserer eigenen Heiligung (*Divinisierung*): dies ist das Ziel des christlichen Apostolates, das in der Gotteskindschaft gründet; denn es ist zwangsläufig die Konsequenz dessen, daß wir *ipse Christus* sind: in Christus, dem einzigen Mittler, werden wir zu Miterlösern und Mittlern.

»Jeder von uns muß *ipse Christus* sein. Christus ist der einzige Mittler zwischen Gott und den Menschen (vgl. *1 Tim* 2,5), und wir vereinigen uns mit Ihm, um durch Ihn alles dem Vater darzubringen. Unsere Berufung als Kinder Gottes inmitten der

115 Ebd., Nr. 306 ff.

Welt fordert von uns, daß wir nicht nur unsere persönliche Heiligkeit suchen, sondern daß wir die Wege der Erde in Pfade verwandeln, auf denen die Menschen durch alle Hindernisse hindurch zu Gott gelangen, daß wir als normale Bürger am zeitlichen Geschehen teilnehmen, um Sauerteig zu sein (vgl. *Mt* 13,33), der den ganzen Teig durchsäuert (vgl. *1 Kor* 5,6).«[116]

Das Apostolat der Kinder Gottes ist kein von ihren sonstigen Tätigkeiten abgesondertes Tun, ist nichts dem Alltagsleben *Hinzugefügtes*, nichts dem inneren Leben (der beständigen Anstrengung, mit Christus eins zu werden) Übergestülptes. Viel weniger noch ist das Apostolat die Aufgabe nur einiger Christen. So wie das ganze Leben, die Arbeit und die gesamte menschliche Lebenswirklichkeit, Gebet – das Leben Christi in uns – sein kann und soll, so ist auch »das Apostolat wie das Atmen des Christen. Ein Kind Gottes kann ohne diesen übernatürlichen Pulsschlag nicht leben«[117].

Weil wir *ipse Christus* sind, haben wir teil am Priestertum Christi, haben wir teil am gemeinsamen Priestertum der Gläubigen, das eine Weise ist, in der

116 Ders. *Christus begegnen*, Nr. 120; vgl. Nr. 183. – »In all deinem Tun und Lassen sollst du Christus nachahmen. Vergiß mir nicht, daß Er unsere menschliche Natur annahm, damit alle Menschen am Leben Gottes teilhaben könnten und, mit Ihm vereint, fähig würden, seine Gebote zu erfüllen – als einzelne wie in Gemeinschaft!« (*Im Feuer der Schmiede*, Nr. 452).

117 Ders. *Christus begegnen*, Nr. 122; vgl. *Der Weg*, Nr. 919. – »Wenn du wirklich ein ›anderer Christus‹ bist und als Kind Gottes lebst, dann wird sich überall da, wohin du gelangst, das Feuer der Liebe entzünden; denn Christus läßt die Herzen nicht gleichgültig – Er entflammt sie.« (*Im Feuer der Schmiede*, Nr. 25).

das ewige Priestertum Jesu, seine Mittlerschaft zwischen Gott und den Menschen, in der Welt gegenwärtig wird. »Msgr. Escrivá«, so Alvaro del Portillo, »legte diese Lehre über das gemeinsame Priestertum der Gläubigen seit den Anfängen des Opus Dei dar und erinnerte die Mitglieder des Werkes – Laien, die sich beruflich den unterschiedlichsten Aufgaben und Beschäftigungen in der Welt widmen – daran, sie hätten eine *priesterliche Seele*, die vollkommen vereinbar sei mit ihrer *laikalen Mentalität.*«[118]

Deshalb kommt das Apostolat nicht nur denen zu, die durch das Amtspriestertum, das sich wesentlich vom allgemeinen Priestertum aller Gläubigen unterscheidet, am Priestertum Christi teilhaben, es ist eine universale christliche Wirklichkeit. Diese *Universalität* ist ein Erfordernis unserer Einswerdung mit Christus, das heißt: unserer Gotteskindschaft. Man kann die Berufung, persönlich am göttlichen Innenleben in Christus teilzuhaben, nicht von der apostolischen Sendung (Miterlösung in und mit Christus) trennen, in Analogie dazu, daß »man das Gott-Mensch-Sein Christi von seinem Werk als Erlöser nicht trennen kann. Das Wort wurde Fleisch und kam in die Welt, *ut omnes homines salvi fiant* (vgl. *1 Tim* 2,4), um alle Menschen zu retten. Trotz unserer Armseligkeiten und persönlichen Schwächen sind wir ein anderer Christus, sind wir Christus selbst; denn auch wir sind dazu berufen, allen Menschen zu dienen.«[119]

118 Alvaro del Portillo, *Una vida para Dios*, S. 74.

119 Josemaría Escrivá, *Christus begegnen*, Nr. 106; vgl. *Freunde Gottes*, Nr. 256. – »Welch tiefe Hochachtung und Ehrfurcht, wieviel Anteilnah-

Jeder Aspekt der apostolischen Arbeit des Christen wird in außergewöhnlicher Weise erhellt vom Licht der Gotteskindschaft: sie ist, wie wir gesehen haben, das Wurzelbett des Apostolates … und sie ist auch seine Vollendung, denn das apostolische Ziel unseres Lebens läßt sich folgendermaßen zusammenfassen: »Zeugnis von Christus abzulegen und allen unseren Mitmenschen die Freude mitzuteilen, sich Kinder Gottes zu wissen«[120]; das heißt, allen »die frohe Botschaft« zu bringen »von Ihm, der unser Vater ist und ohne Maß liebt«[121].

Das christliche Apostolat ist etwas ganz anderes – gerade im Licht der Gotteskindschaft – als simples Taktieren etwa aufgrund menschlicher Überredungskunst, und es ist erst recht kein Zwang, denn es ist eine Aufgabe, die ganz von der Liebe getragen wird; von jener übernatürlichen Liebe, der *caritas*, die der Heilige Geist in unsere Seelen ausgießt, wenn er uns zu *ipse Christus*, Kindern Gottes, werden läßt. »Der Christ weiß sich durch die Taufe Christus einverleibt und durch die Firmung befähigt, für Christus zu kämpfen; er weiß sich berufen, durch seine Teilhabe am königlichen, prophetischen und priesterlichen Amt Christi in der Welt zu wirken; er weiß sich eins mit Christus durch die Eucharistie, das Sakrament der Einheit und der Liebe. Darum muß er wie Christus mitten unter den Menschen leben und

me müssen wir für jede einzelne Seele empfinden, wenn wir bedenken, daß Gott sie als sein Eigentum liebt!« (*Im Feuer der Schmiede*, Nr. 34).

120 Ders. *Christus begegnen*, Nr. 30.

121 Ebd., Nr. 100.

alle und jeden einzelnen von ihnen, ja die ganze Menschheit lieben.«[122]

Und die wahre Liebe zu den anderen – einziger Impuls für ein authentisches christliches Apostolat – ist Liebe in Christus, denn in Christus und nur in Christus kann dieses Apostolat wirksam sein, weil allein Er Erlöser und Mittler ist. Lieben wir im Herzen Christi »jene, die *Kinder desselben Vaters, im selben Glauben vereint und Erben derselben Hoffnung sind* (Minucius Felix, *Octavius*, 31: PL 3, 338), dann wird die Seele weit und glüht vor Eifer, damit alle Menschen dem Herrn näherkommen.«[123] Nur diese Liebe ist es, die dem Kind Gottes erlaubt, »sich in Christus dazu zu entschließen, ohne irgendeinen Unterschied das Wohl aller Menschen zu suchen, damit ihnen die beste aller Gaben zuteil wird: Christus kennenzulernen und Ihn innig zu lieben«[124]; das heißt, damit alle zur *Herrlichkeit der Kinder Gottes* gelangen.

Um alles zu Gott zurückzuführen, sieht sich der Christ – ohne irgendjemandes Feind zu sein oder sich als solcher zu fühlen[125] – unweigerlich in einen Kampf verstrickt und Schwierigkeiten ausgesetzt, gelegentlich mit scheinbaren oder wirklichen Rückschlägen. Hinter solchen Härten und Schwierigkeiten – unabhängig von seiner konkreten Situation in

122 Ebd., Nr. 106. Vgl. *Gespräche*, Nr. 1.

123 Ders. *Freunde Gottes*, Nr. 226. – »In einem Christen, in einem Kind Gottes, bilden Freundschaft und Gottesliebe eine einzige Realität: sie sind Licht Gottes, das Wärme spendet.« (*Im Feuer der Schmiede*, Nr. 565).

124 Ders. *Freunde Gottes*, Nr. 231.

125 Vgl. ders. *Christus begegnen*, Nr. 124.

Kirche und Welt – sieht das Kind Gottes, der Apostel, das Kreuz als Zeichen und unerläßliche Wirklichkeit seiner Einswerdung mit Christus. »Das Kreuz auf deiner Brust? … Gut. Aber … das Kreuz auf deinen Schultern, das Kreuz in deinem Fleisch, das Kreuz in deinem Verstand. – Nur so lebst du für Christus, mit Christus und in Christus. Nur so bist du Apostel.«[126]

Dieses Kreuz nimmt der Arbeit, dem ganzen Leben, weder die Freude noch den Optimismus, da es zum Mittel und zur Substanz des Apostolates geworden ist; denn der Christ weiß oder sollte um die Wahrheit folgender Worte Escrivás wissen, die sich an ihn richten: »Am Kreuz wirst du Christus sein und dich als Sohn Gottes fühlen und ausrufen: Abba, Pater!, welche Freude, dich zu finden, Herr!«[127]

6. Die Freude, der Schmerz und der Tod der Kinder Gottes

Im Besitz des Guten – in der Hoffnung, es zu erlangen – weiß sich die Seele von Freude erfüllt. Wir können uns freuen an flüchtigen Gütern oder auch an unvergänglichen; die Freude kann lediglich die *Oberfläche* der Seele berühren oder tief in sie eindringen. Es gibt viele zufällige Freuden, die nur flüchtig sind; Lachen kann Traurigkeit verbergen, Tränen Freude …

126 Ders. *Der Weg*, Nr. 929.
127 RHF 20119, S. 13.

»Warum werden wir Menschen traurig? Weil unser irdisches Leben nicht den persönlichen Erwartungen entspricht oder weil Hindernisse auftauchen, die die Befriedigung unserer Wünsche unmöglich machen oder erschweren.

Wenn aber die Seele die übernatürliche Wirklichkeit der Gotteskindschaft in sich aufnimmt, dann fällt das alles fort«, versichert uns Escrivá. »*Wenn Gott für uns ist, wer ist dann gegen uns?* (*Röm* 8,31) Immer wieder muß ich sagen: Überlassen wir die Traurigkeit denen, die nichts von ihrer Gotteskindschaft wissen wollen.«[128]

Man kann in diesem Leben keine tiefere Freude besitzen als die Freude eines Kindes Gottes, weil sich nichts mit dem unendlichen Reichtum vergleichen läßt, den es bedeutet, zur Familie Gottes zu gehören, Kind Gottes zu sein; nichts auf dieser Welt darf uns die Freude rauben. Jubel, sichere Hoffnung, Gelassenheit, gute Laune, die nicht *die Freude eines gesunden Tieres*[129] sind, sondern – so erklärte der Vater vor Jahren – jene Freude, die dem Wissen entspringt, daß »Gott unser Vater ist und uns liebt, daß er uns schützt und hilft und immer verzeiht«[130].

128 Ders. *Freunde Gottes*, Nr. 108. – »Die Freude ist die notwendige Konsequenz aus der Gotteskindschaft; denn wir wissen, daß Gott, unser Vater, uns ganz besonders liebt, uns annimmt, uns hilft, uns vergibt.
Denke immer und immer wieder daran: Manchmal mag es scheinen, als stürze alles zusammen ..., aber nichts stürzt zusammen, denn Gott verliert keine Schlachten.« (*Im Feuer der Schmiede*, Nr. 332). – »Wenn wir doch auserwählte Kinder unseres Vaters im Himmel heißen – und es ja auch wirklich sind –, wie sollten wir da nicht immerzu froh sein? – Denk einmal darüber nach.« (*Im Feuer der Schmiede*, Nr. 266).
129 Vgl. Ders. *Der Weg*, Nr. 659.
130 Vgl. Peter Berglar, *Opus Dei – Leben und Werk des Gründers Jo-*

Diese unvergleichliche, in der Gotteskindschaft wurzelnde Freude stützt sich nicht auf die eigenen Tugenden: sie ist nicht eitle persönliche Genugtuung, sondern baut auf Fehlern und menschlicher Schwäche auf. »Laß dich nicht dadurch verwirren, daß du weißt, aus welchem Stoff du bist: aus Lehm. Das soll dich nicht bekümmern, denn du und ich, wir sind Kinder Gottes – darin besteht die gute Vergöttlichung –, auserwählt durch den Ruf Gottes seit Ewigkeit: *In Ihm hat Er uns schon vor Erschaffung der Welt auserwählt, daß wir heilig und untadelig vor Ihm seien* (Eph 1,4).«[131]

Die eigene Schwäche zu kennen, Widrigkeiten in uns zu erfahren, das soll uns nicht nur nicht beunruhigen, das soll kein Grund sein, die Heiterkeit zu verlieren oder weniger froh zu sein, sondern es soll geradezu ein Grund zur Freude sein: »Sich als zerbrochenes und wieder zusammengeklammertes Tongefäß zu wissen ist ja gerade die ständige Quelle der Freude, denn es bedeutet, sein Kleinsein vor Gott anzuerkennen: als Kind, als Sohn. Kann man sich eine tiefere Freude als die eines Menschen vorstellen, der sich arm und schwach, aber auch Kind Gottes weiß?«[132]

Ebensowenig vermögen äußere Widrigkeiten, Hindernisse, Schmerz, Unverständnis, Ungerechtigkeit, Verrat … die wahre Freude der Kinder Gottes anzutasten. Nicht aus Mangel an Realismus oder aus Oberflächlichkeit, denn »es wäre naiv, wollte man

semaría Escrivá, Köln 1992, S. 110.

131 Josemaría Escrivá, *Christus begegnen*, Nr. 160.

132 Ders. *Freunde Gottes*, Nr. 108.

die immer wiederkehrende Gegenwart des Leidens und der Entmutigung, der Trauer und der Einsamkeit während unserer Pilgerschaft auf der Erde leugnen. Durch den Glauben haben wir mit Sicherheit erkannt, daß dies alles kein Werk des Zufalls ist und daß die Bestimmung des Geschöpfes kein Zuschreiten auf die Vernichtung seines Strebens nach Glück ist. Der Glaube lehrt uns, daß alles einen gottgewollten Sinn hat, denn alles gehört zum innersten Kern der Berufung, die uns ins Haus des Vaters führt. Dieses übernatürliche Verständnis des irdischen Daseins eines Christen will nicht die vielfältigen Zusammenhänge im Leben des Menschen verharmlosen, sie gibt vielmehr dem Menschen die Sicherheit, daß diese Vielfalt vom Nerv der Liebe Gottes durchzogen wird, von einem starken und unzerstörbaren Band, welches das Leben auf der Erde mit dem Leben in der endgültigen Heimat verbindet.«[133]

Der gottgewollte Sinn von allem, was geschieht oder in unserem Leben geschehen kann, ist Teil des Rufes ins Haus des Vaters. Die Gotteskindschaft hat eine deutliche eschatologische Dimension: sie läßt uns in einem neuen Licht begreifen, daß das Entscheidende noch aussteht; daß das menschliche Leben im Hier und Jetzt noch nicht seine Fülle erlangt, die Fülle nämlich der Herrlichkeit der Kinder Gottes. Alles in diesem Leben, auch das Leiden, flüstert uns zu, daß »Christus uns erwartet. *Laßt uns bereits jetzt wie Bürger des Himmels leben* (*Phil* 3,20), in-

133 Ders. *Christus begegnen*, Nr. 177.

dem wir vollkommen als Bürger der Erde leben inmitten von Schwierigkeiten, Ungerechtigkeit und Unverständnis, aber auch inmitten der Freude und Gelassenheit, die aus dem Wissen kommen, daß Gott uns als seine Kinder liebt.«[134]

»Gerade diese übernatürliche Annahme des Leidens ist wahrhaft eine Eroberung. Christus besiegt den Tod, indem Er am Kreuze stirbt, Gott läßt aus dem Tod Leben erstehen. Die Haltung eines Kindes Gottes ist nicht die des Sichabfindens mit einem tragischen Geschick, sondern die Freude eines Menschen, der sich des Sieges gewiß ist.«[135]

Schmerz und Widrigkeiten mindern nicht nur nicht die christliche Freude, sondern der Schmerz kann eine Quelle wachsender Freude sein. Denn dem Leid begegnen bedeutet für den Christen das Kreuz finden, dort ist er *ipse Christus*, Sohn Gottes. So »wird auch für uns, wenn wir dem göttlichen Willen gehorchen, das Kreuz Auferstehung sein und Erhöhung. So wird sich in uns Schritt für Schritt das Leben Christi erfüllen, und unser eigenes Leben wird das Bemühen guter Kinder Gottes sein, die

134 Ebd., Nr. 126. Vgl. *Der Weg*, Nr. 692, 864. – »Hör gut zu, mein Kind: Bleib heiter, wenn man dich schlecht behandelt und demütigt, wenn jedermann sich über dich empört und es als fein gilt, dich anzuspucken – wenn du also ›omnium peripsema‹, wie ›Unrat‹ in den Augen aller bist.
Das fällt schwer, sehr schwer. Es ist hart. Aber schließlich und endlich: tritt einer vor den Tabernakel und sieht sich wirklich als Unrat, elend wie ein Wurm, dann kann er in Wahrheit sagen: ›Wenn Du, Herr, meine Ehre nicht brauchst, wozu will ich sie dann haben?‹
Erst dann erfährt ein Kind Gottes, was es heißt, glücklich zu sein – wenn es von allem entblößt in vollkommener Hingabe vor dem Vater steht, in einer Hingabe aus Liebe, die auf Abtötung und Schmerz gründet.« (*Im Feuer der Schmiede*, Nr. 803).
135 Ders. *Christus begegnen*, Nr. 168.

trotz ihrer vielen Schwächen und Fehler wie Christus umherzogen und Gutes taten.«[136]

Das – wie alles andere auch – lebte der Gründer des Opus Dei zunächst selbst, bevor er es weitergab; dabei wollte Gott sein Leben zutiefst mit dem Kreuz zeichnen. Selbst in härtesten Situationen, berichtet uns der verläßlichste Augenzeuge von Escrivás heiligmäßigem Leben, »behielt der Vater die gute Laune. Wir, die wir in jenen Augenblicken in seiner Nähe lebten, sahen ihn niemals traurig. Ganz im Gegenteil, er erschien stets froh und optimistisch. Der Ursprung für jene Gelassenheit war seine tiefempfundene Gotteskindschaft, die Gott zum Fundament des Geistes des Opus Dei machen wollte.«[137]

Und der Tod? Auch dieser entscheidende Augenblick kann den Christen nicht schrecken, kann ihm die strahlende Freude nicht verdüstern, denn »für die Kinder Gottes ist der Tod ja Leben«[138]: der Schritt in die Fülle.

Und das göttliche Gericht? Es drängt uns zu beständiger Bekehrung, zur Begradigung ... Dabei stellt sich einem Kind Gottes diese beeindruckende schlichte Frage: »Brennt in deiner Seele nicht der Wunsch, deinem Vater Gott Freude zu machen, wenn Er dich richten soll?«[139]

»Keine Angst vor dem Leben und keine Angst vor dem Tod.«[140] Wer kann wie Escrivá so etwas vor

136 Ebd., Nr. 21.
137 Alvaro del Portillo, *Una vida para Dios*, S. 39.
138 Josemaría Escrivá, *Freunde Gottes*, Nr. 79. Vgl. *Der Weg*, Nr. 739.
139 Ders. *Der Weg*, Nr. 746.
140 Vgl. ders. *Brief,* 19. März 1954.

Tausenden von Menschen zu behaupten wagen? Doch nur ein Kind Gottes.

»Vielleicht merken wir es zunächst kaum, aber wir werden vorankommen: entschlossenen und festen Schrittes, im Einklang mit Gott und in der sicheren Überzeugung, daß an der Seite des Herrn auch Schmerz, Selbstverleugnung und Leiden süß sind. Wie stark fühlt sich ein Kind Gottes, wenn es sich so nahe beim Vater weiß! Deshalb bin ich sicher aufgehoben bei Dir, mein Herr und mein Vater, geschehe, was da wolle, denn Du bist mein Fels und meine Burg (vgl. *2 Sam* 22,2).«[141]

7. Die Bekehrung der Kinder Gottes

Das christliche Leben auf Erden beginnt mit der ersten Eingießung der göttlichen Gnade, welche die Erbsünde tilgt, und es endet mit dem Tod, mit dem Übergang des Kindes Gottes zum wahren Leben; aber es verläuft nicht makellos und stetig wie auf einem gleichmäßig ansteigenden Pfad. »Wir täuschten uns, wenn wir annähmen, daß die Sehnsucht nach Christus, die Erfahrung der Begegnung und des Umgangs mit Ihm und seine sanftmütige Liebe uns bereits in sündenlose Menschen verwandelten.«[142] Wir wissen nur zu gut, daß wir Sünder sind – und es in dieser Welt immer sein werden. Deshalb »dürfte

141 Ders. *Freunde Gottes*, Nr. 246.
142 Ebd., Nr. 303.

es für uns nichts Neues sein, wenn wir an Leib und Seele den Stachel des Stolzes, der Sinnlichkeit, des Neides, der Faulheit und die Neigung spüren, die Menschen um uns zu tyrannisieren. Es ist ein altbekanntes Übel, das uns die eigene Erfahrung immer wieder bestätigt; es ist der Ausgangspunkt und der gewohnte Hintergrund unseres inneren Wettkampfes um den Sieg, unseres Laufs zum Hause des Vaters.«[143]

Unsere Schwäche ist also die vertraute Kulisse auf unserem Weg zum Vater, auf unserem Weg zur Fülle der Herrlichkeit der Kinder Gottes. Und dies kann man nur im Licht der göttlichen Barmherzigkeit verstehen, im Wissen darum, daß »Gott sich uns wie ein liebender Vater zuwendet, uns in seiner Barmherzigkeit betrachtet (*Ps* 24,7): einer Barmherzigkeit, die mild ist (*Ps* 108,21), *schön wie ein Gewitterregen zur Zeit der Dürre* (*Sir* 35,26)«[144]. Dieser Hintergrund unseres Lebens – bestehend aus persönlichen Schwächen und Sünden – schafft das Klima für die Barmherzigkeit unseres göttlichen Vaters, der uns ansporrnt und beständig zu sich zieht. Es ist das Klima, in dem wir ständig zum Vater gehen und zu ihm *zurückkehren*, das Klima unserer Bekehrung.

Bekehrung und Buße spielen deshalb nicht nur gelegentlich eine Rolle im christlichen Leben: sie sollen eine beständige Wirklichkeit sein, erhellt von

143 Ders. *Christus begegnen*, Nr. 75.
144 Ebd., Nr. 7.

der Gotteskindschaft, die uns in dieser tröstlichen Wahrheit bestärkt, daß »Gott nicht Anstoß nimmt an den Menschen. Gott wird unser nicht überdrüssig wegen unserer Treulosigkeiten. Unser himmlischer Vater verzeiht jede Beleidigung, wenn nur der Sohn umkehrt und sich Ihm wieder zuwendet, wenn er bereut und um Verzeihung bittet. Unser Herr ist so sehr Vater, daß Er sogar unserem Verlangen nach Vergebung zuvorkommt und uns mit ausgebreiteten Armen entgegengeht, um uns seine Gnade zu schenken.

Ihr könnt euch selber überzeugen, daß ich nichts erfinde«, heißt es weiter bei Escrivá. »Erinnert euch doch nur an jenes Gleichnis, das uns der Sohn Gottes erzählt, um uns die Liebe des Vaters im Himmel begreiflich zu machen: das Gleichnis vom verlorenen Sohn (vgl. *Lk* 15,11 ff.).

In der Schrift heißt es: *Schon von weitem sah ihn sein Vater und ward von Erbarmen gerührt. Er eilte ihm entgegen, fiel ihm um den Hals und küßte ihn* (*Lk* 15,20). Das sind Worte der Heiligen Schrift: *Er küßte ihn*, er überhäuft ihn mit Küssen. Kann man noch menschlicher sprechen? Kann man noch einprägsamer die väterliche Liebe Gottes zu den Menschen beschreiben?

Einem Gott gegenüber, der uns entgegeneilt, können wir nicht stumm bleiben, wir werden mit dem heiligen Paulus sagen: *Abba, Pater!* (*Röm* 8,15) Vater, mein Vater! Denn Er, der doch der Schöpfer des Alls ist, legt keinen Wert auf klingende Titel, Ihm kommt es nicht auf feierliche Bekundungen seiner Herrschaft an. Er hat es gern, daß wir Ihn

Vater nennen, daß wir dieses Wort freudig auskosten.«[145]

Auch hier sind es Wort und *Beispiel* von Escrivá, die uns orientieren, weil, so Alvaro del Portillo, »Liebe und Demut wahrhaftig zwei Konstanten im heiligmäßigen Leben unseres Vaters waren; sie verliehen seinem Gebet und seinem apostolischen Wirken eine *kindliche Kühnheit.* Als praktische Konsequenz ergab sich dieses ständige Beginnen und Neu-Beginnen in seinem inneren Leben; einem Leben also auf den Spuren des verlorenen Sohnes, fortwährend von der Bereitschaft zur abermaligen Umkehr gekennzeichnet, im ergebenen Vertrauen auf die Barmherzigkeit Gottvaters.«[146]

Wir müssen fortwährend wie ein verlorener Sohn leben, nicht nur, wenn wir uns von Gott weit entfernt haben, wir müssen immer bereit sein, täglich neu zu beginnen, mit einem beständigen Geist der Buße, der nicht die Freude aus unseren Tagen verbannt, macht doch Bekehrung froh: die Bekehrung der Kinder Gottes.

Häufig vergessen wir diese Wirklichkeit; deshalb ist es nötig, während einer bestimmten Zeit im Jahr, etwa in der Fastenzeit, unser Wünschen und unsere tatkräftige Bekehrung zu erneuern. »Die Liturgie der Fastenzeit hat manchmal etwas Tragisches, wenn

145 Ebd., Nr. 64. Vgl. *Freunde Gottes*, Nr. 309. – »Unser Christsein – ein wunderbares Paradoxon der Liebe: Die eigene Ohnmacht läßt uns bei Gott unsere Zuflucht suchen. Sie bringt uns Gott nahe, sie ›vergöttlicht‹ uns, so daß wir durch Ihn und mit Ihm und in Ihm alles vermögen.« (*Im Feuer der Schmiede*, Nr. 212).
146 Alvaro del Portillo, *Una vida para Dios*, S. 22.

sie uns zeigt, was die Trennung von Gott für den Menschen bedeutet. Aber dies ist nicht das letzte Wort. Das letzte Wort spricht Gott, und es ist das Wort seiner erlösenden und erbarmenden Liebe und deshalb das Wort unserer Gotteskindschaft.«[147]

Nur wir selbst können in unserem Stolz dieses göttliche und menschliche Wunder einer frohen Bekehrung vereiteln. Denn der Stolz verhindert die erste Voraussetzung für die Reue: die eigene Sünde anzuerkennen. Und der Stolz kann selbst dann den Menschen, wenn er die Sünde anerkennt, gegen alle übernatürliche Logik zu dem Gedanken verleiten, es gäbe keine Abhilfe. Deshalb ist das Kind Gottes, wenn es ein gutes Kind ist, demütig, kämpft darum, es zu sein: um eine kühne Demut, die zutiefst von der Gotteskindschaft geprägt ist und zu vertrauensvollem Beten führt.

»Angesichts unserer Sünden und Erbärmlichkeiten, angesichts unserer Fehltritte – auch wenn sie, dank der Gnade Gottes, nicht sehr schwerwiegend sind – wenden wir uns im Gebet an unseren Vater und sagen: Herr, sieh meine Armut, meine Schwäche! Nur Tongeschirr, Herr, nur Scherben! Aber klammere mich wieder zusammen, und dann werde ich in meiner Reue und mit Deiner Vergebung stärker und liebenswerter als vor meinem Sturz sein. Beten wir so, wenn unser armer Ton zerbricht, und wir werden Trost finden.

Unsere Zerbrechlichkeit soll uns nicht wundern; die Erfahrung, daß wir durch weniger als nichts

147 Josemaría Escrivá, *Christus begegnen*, Nr. 66.

schon ins Wanken geraten, soll uns nicht überraschen. Vertraut auf den Herrn, denn bei Ihm ist immer Hilfe: *Der Herr ist mein Licht und mein Heil, wen sollte ich fürchten?* (*Ps* 26,1) Niemanden! Vor nichts und vor niemandem werden wir uns fürchten, wenn wir mit unserem Vater im Himmel auf diese Weise Umgang suchen.«[148]

Beeindruckt es nicht, wenn Escrivá sagt: »Ich fürchte mich vor nichts und vor niemandem; schon gar nicht vor Gott, der mein Vater ist«? Wir alle müssen das ausrufen können. Denn im Wissen, daß wir Kinder Gottes sind, erstarkt in uns durch die *Gabe der Frömmigkeit*, die uns der Heilige Geist gewährt, auch *die Gabe der Gottesfurcht* in ihrem übernatürlichen Sinn. »›Timor Domini sanctus‹.

148 Ders. *Freunde Gottes*, Nr. 95. – »Du bist mutlos? Warum? Wegen deiner Erbärmlichkeiten? Wegen deiner vielen, manchmal dicht aufeinanderfolgenden Niederlagen? Weil du plötzlich tief, ganz tief gesunken bist?
Sei einfach! Öffne dein Herz. Versteh: noch ist nichts verloren. Noch kannst du weiter vorankommen, und dazu mit mehr Liebe, mehr Herz, mehr Starkmut.
Birg dich in der Gotteskindschaft: Gott ist dein Vater, der dich unendlich liebt. Das ist dein Halt, dein Hafen, wo du vor Anker gehen kannst, wie sehr auch das Meer des Lebens tosen mag. So werden dir Freude, Starkmut, Optimismus geschenkt werden. Und der Sieg!« (*Der Kreuzweg*, 7. Station, Nr. 2).
»Es gibt eine einzige tödliche Krankheit, einen einzigen Fehler, der verhängnisvoll ist: mit dem Sturz einverstanden zu sein und nicht mehr im Geiste der Gotteskindschaft kämpfen zu wollen. Wo diese persönliche Anstrengung unterbleibt, wird die Seele wie von einer Lähmung befallen, einsam liegt sie danieder und verdorrt.
Wie einst der Gelähmte am Bethesda-Teich Jesus klagte: ›Hominem non habeo‹, so muß nun umgekehrt der Herr zu dem Resignierenden sagen: Ich finde in dir keinen Menschen, der mir hilft.
Wie beschämend, wenn Jesus in dir nicht den Mann, die Frau findet, die Er erwartet hat ...« (*Im Feuer der Schmiede*, Nr. 168).

Heilig ist die Furcht Gottes. – Eine Furcht, die Verehrung des Sohnes für seinen Vater bedeutet; aber keine sklavische Furcht, denn dein Vater Gott ist kein Tyrann.«[149] Und wenn wir gegen diese Verehrung gefehlt, wenn wir die Liebe Gottes mißbraucht haben, »vollzieht sich unsere Umkehr mit Freude, denn im Bewußtsein unserer Gotteskindschaft wissen wir, daß wir heimkehren zum Haus des Vaters«[150].

149 Ders. *Der Weg*, Nr. 435.
150 Ders. *Christus begegnen*, Nr. 64.

»... *Quasi modo geniti infantes* (*1 Petr* 2,2), wie neugeborene Kinder ... Dabei dachte ich mir, daß diese Aufforderung der Kirche sehr passend für uns ist, die wir uns ganz als Kinder Gottes fühlen. Denn wir müssen zwar starkmütig und zuverlässig sein und mit Charakterfestigkeit nachhaltig auf unser Milieu einwirken, aber dabei ist es doch sehr gut, daß wir uns vor Gott als kleine Kinder sehen!«[151]

Bei all unserer Begrenztheit gilt es, sich klarzumachen, wer Gott ist, um im Wissen darum seine Kinder zu sein, den Weg der geistlichen Kindschaft zu gehen. Vor Gott sind wir kleine Kinder und als solche müssen wir zu leben trachten, ohne die Dummheit zu begehen, in unserem Verhalten erwachsen erscheinen zu wollen, was vor Gott schlicht absurd wäre. Wohl ist eine andere Volljährigkeit einem Kinde Gottes angemessen: ganz eins zu werden mit Christus – *Christus in seiner vollendeten Gestalt darstellen*[152] –, was uns indes nur im Himmel gelingt, wenn wir treu sind.

Das ist unsere einzigartige Bestimmung, und um diese Größe zu erlangen, ist es unabdingbar, so hat uns Jesus Christus selbst gelehrt, *wie Kinder zu werden*[153]. Aber »um klein zu sein, mußt du glauben, wie die Kinder glauben, lieben, wie die Kinder lie-

151 Ders. *Freunde Gottes*, Nr. 142. Vgl. *Der Weg*, Nr. 860.
152 *Eph* 4,13.
153 Vgl. *Mt* 18,3.

ben, blind vertrauen, wie es die Kinder tun ... beten, wie die Kinder beten«[154].

Es gibt zweifellos tausenderlei Weisen, diese geistliche Kindschaft zu leben, aber auf keinen Fall ist dieses Leben eines Kindes Gottes »frommes Getue noch ›Rührseligkeit‹: sie ist ein kluger und kraftvoller Weg, den die Seele wegen seiner schwierigen Leichtigkeit nur beginnen und weitergehen kann, wenn Gott sie an der Hand führt.«[155]

Um unser ganzes Vertrauen auf Gott werfen zu können, müssen wir uns vor Gott dem Allmächtigen wie kleine Kinder fühlen. Und das erst recht, wenn es um jenen Aspekt geht, der unser ganzes Leben durchzieht: um die Bekehrung. »Es ist gut für uns, im inneren Leben *quasi modo geniti infantes* zu sein: wie diese kleinen Kinder, die – man könnte meinen, sie seien aus Gummi – lachend fallen und sogleich wieder aufstehen und weiter herumtollen und außerdem, wenn es nötig ist, von ihren Eltern getröstet werden.«[156]

»Versuchen wir, uns wie sie zu verhalten, dann werden die Schläge und Mißerfolge – die übrigens unvermeidlich sind – uns niemals verbittern. Wir werden mit Schmerz, aber nicht entmutigt reagieren, ja, wir werden sogar lächeln; denn ein solches Lächeln ist wie das klare Wasser, das aus der Freude

154 Josemaría Escrivá, *Der Rosenkranz*, Vorwort. – »Ich will Jesus um nichts bitten. Ich will ihm nur in allem gefallen und von meinen Dingen erzählen, als ob sie Ihm unbekannt wären. Nichts anderes tut ein kleines Kind bei seinem Vater.« (*Im Feuer der Schmiede*, Nr. 351).
155 Ders. *Der Weg*, Nr. 855; vgl. Nr. 853; *Christus begegnen*, Nr. 10.
156 Ders. *Freunde Gottes*, Nr. 146. Vgl. *Der Weg*, Nr. 887.

entspringt, uns als Kinder des unfaßbar großen, weisen, barmherzigen Gottes, unseres Vaters, zu wissen.«[157]

»Man muß lernen, wie ein Kind zu sein; man muß lernen, ein Kind Gottes zu sein. Gleichzeitig werden wir unseren Mitmenschen diese Denkweise vermitteln, die uns in unserer menschlichen Schwäche *fortes in fide* (*1 Petr* 5,9), stark im Glauben macht, fruchtbar in den Werken und sicher auf unserem Weg. Dann erheben wir uns immer wieder ohne Zögern, auch wenn wir den abscheuchlichsten Fehler begangen haben, und finden so auf den Hauptweg der Gotteskindschaft zurück, der uns in die weit geöffneten Arme Gottes, unseres Vaters, führt.«[158]

Die Gotteskindschaft ist der Königsweg, der uns zur wahren Fülle, zur Herrlichkeit der Kinder Gottes führt. Als kleine Kinder des Vaters »wird es uns gelingen, unsere Tage in der Liebe Gottes zu vollenden, nachdem wir die Arbeit geheiligt haben und auf dieser Erde das verborgene Glück der Dinge Gottes gesucht und entdeckt haben. Unser Verhalten wird von der heiligen Unbefangenheit eines Kindes geprägt sein, und wir werden das falsche Schamgefühl – die Heuchelei – eines Erwachsenen meiden, der, nachdem er durch einen Sturz seine Armseligkeit erfahren hat, sich vor der Heimkehr zum Vater ängstigt.

157 Ders. *Freunde Gottes*, Nr. 146. – »Zuversichtliche Bitte eines kleinen Kindes: Ich möchte eine Reue haben, Herr, wie sie die empfanden, die Dir am meisten gefallen haben« (*Im Feuer der Schmiede*, Nr. 349).
158 Ders. *Freunde Gottes*, Nr. 148. Vgl. *Der Weg*, Nr. 93.

Ich schließe mit dem Gruß unseres Herrn, wie wir ihn heute im Evangelium hören: *Pax vobis! Friede sei mit euch (...). Da freuten sich die Jünger, als sie den Herrn sahen* (*Joh* 20,19-20), den Herrn, der uns auf unserem Weg zum Vater begleitet.«[159]

* * *

Dieser Text konnte nur eine Annäherung an die Gotteskindschaft in Leben und Denken von Josemaría Escrivá sein, ohne alle jene theologischen – dogmatischen, moralischen, asketischen und mystischen – Aspekte auszuleuchten, die die reiche Lehre des Seligen birgt. Es braucht Zeit, den nachhaltigen Beitrag des Vaters zur theologischen Wissenschaft und für das *Leben* zu ergründen.

Andererseits hat man sicher aus den Texten, die ich hier zahlreich und ausführlich zitiert habe, erkennen können, welche Bedeutung einer – in der Gotteskindschaft wurzelnden – Sicht der christlichen Existenz zukommt. Escrivás eigenes Leben unterstreicht dies, denn der Vater hat uns die Gotteskindschaft in ihrer Tiefe vorgelebt: als unmittelbare *Verknüpfung* der übernatürlichen Ordnung mit dem göttlichen Leben der Heiligsten Dreifaltigkeit; als Einswerden mit Christus; als Wurzel authentischer Freiheit; als wirksames Fundament des gesamten christlichen Lebens in all seinen Verästelungen.

159 Ders. *Freunde Gottes*, Nr. 153.

Schließlich mögen diese Seiten auch als kindlicher Dank verstanden werden, denn Escrivá war nicht nur ein Lehrmeister, der uns die Tiefen der Theologie erschloß, sondern er war vor allem Vater, der auf diesem Königsweg, den Gott uns eröffnet hat, vorausging: auf dem Weg der Gotteskindschaft.

Schriften von Josemaría Escrivá im Adamas Verlag

Der Weg
292 Seiten, Leinen

Kaum ein geistliches Buch dieses Jahrhunderts hat bis in unsere Tage die Gemüter so bewegt, ja erhitzt, wie *Der Weg* mit seinen 999 aufrüttelnd formulierten Gedanken und geistlichen Gebetsanregungen. In Millionen Exemplaren über die Welt verbreitet, hat sich *Der Weg* auch in deutscher Ausgabe mit bisher mehr als 100.000 Exemplaren längst seinen Platz unter den geistlichen Klassikern erobert.

Die Spur des Sämanns
372 Seiten, Leinen

Die 1000 Aphorismen dieses Bandes beunruhigen in ihrer religiösen Urwüchsigkeit: Reflexionen über Szenen der Heiligen Schrift, Gesprächs- und Briefstücke, persönliche Erfahrungen sind das Material, aus dem das Buch entstand, eine Mischung aus intimer Gottesnähe, gelehrter Einfachheit und entwaffnender Unschuld.

Im Feuer der Schmiede
368 Seiten, Leinen

Die Berufung des Christen steht im Mittelpunkt dieses Bandes. In 1055 Denk- und Gebetsanstößen strahlt das Feuer Gottes auf, das den Menschen durchglühen und formen kann. Der Autor bündelt Gesprächsfetzen, Erlebnisse und Begebenheiten aus seiner seelsorgerischen Arbeit. Dabei entsteht auch so etwas wie eine innere Biographie Josemaría Escrivás.

Christus begegnen
448 Seiten, Leinen

Aus den 18 Betrachtungen Escrivás zu verschiedenen Festen des Kirchenjahres spricht die Kraft des vibrierenden Glaubens. Der Leser fühlt sich angesteckt, wenn er diese Texte nicht bloß liest, sondern auf sich wirken läßt.

Freunde Gottes
470 Seiten, Leinen

Mit Gott befreundet sein: wie das im gewöhnlichen Leben eines durchschnittlichen Menschen aussehen kann, legt Josemaría Escrivá in den 18 Betrachtungen dieses Bandes eindrucksvoll dar.

Der Kreuzweg
104 Seiten, mit 14 Scherenschnitten, broschiert

Wie ein Vermächtnis des eigenen Lebens ragt dieses postum veröffentlichte Werk aus den Schriften Escrivás heraus. Der Text des Autors zu den 14 Stationen der Passion Christi ist sparsam. Er will nichts anderes, als das Geschehen auf dem Kalvarienberg so erhellen, daß der Leser das Kreuz in seinem eigenen Leben leichter tragen kann. Ergänzt werden die Texte zu den 14 Stationen jeweils von fünf aufrüttelnden Anregungen zur Betrachtung.

Der Rosenkranz
96 Seiten, illustriert von Wladimir Naumez, broschiert

Die Geheimnisse des christlichen Glaubens, eingebettet in die Ave Maria jedes Gesätzes, gewinnen in den Worten Escrivás eine neue – ungewohnte – Dynamik, sie werden tiefer in unserem Leben verankert.

Gespräche mit Msgr. Escrivá de Balaguer
192 Seiten, broschiert

Der Band enthält sieben Interviews der internationalen Presse mit dem Gründer des Opus Dei, ergänzt durch einen Schlüsseltext Escrivás zur Spiritualität des Opus Dei. Gefragt wird nach der Rolle der Frau in der modernen Arbeitswelt, den Chancen christlicher Präsenz in einer säkularisierten, multikulturellen Gesellschaft, nach Konfliktbereichen zwischen Kirche und Politik. Besonders aufschlußreich ist, wie hier der Gründer sich zu kritischen Fragen an das Opus Dei äußert.